# Stefan Haßfurter

# Das Burnout-Syndrom im Unternehmensalltag

## Motivation und Prävention in der Personalentwicklung

**Bibliografische Information der Deutschen Nationalbibliothek:**

Die Deutsche Nationalbibliothek verzeichnet diese Publikation in der Deutschen Nationalbibliografie; detaillierte bibliografische Daten sind im Internet über http://dnb.d-nb.de abrufbar.

**Impressum:**

Copyright © Studylab 2018

Ein Imprint der Open Publishing GmbH

Druck und Bindung: Books on Demand GmbH, Norderstedt, Germany

Coverbild: Open Publishing GmbH | Freepik.com | Flaticon.com | ei8htz

# Inhaltsverzeichnis

# Abkürzungsverzeichnis

| | |
|---|---|
| ASU | Arbeitsmedizin / Sozialmedizin / Umweltmedizin |
| HR | Human Resources |
| i. d. R. | in der Regel |
| ICD | International Statistical Classification of Diseases and Related Health Problems |
| ifa | Institut für Arbeitsmedizin |
| VBG | Verwaltungs-Berufsgenossenschaft |
| VDMA | Verband Deutscher Maschinen- und Anlagenbau |
| VIE | Valenz-Instrumentalitäts-Erwartungstheorie |
| WHO | World Health Organization |

# 1 Einleitung

Vorbemerkung: Aus Gründen der leichteren Lesbarkeit wird in dieser Ausarbeitung auf eine geschlechtsspezifische Differenzierung wie z. B. Mitarbeiter / innen verzichtet. Entsprechende Begriffe gelten im Sinne der Gleichbehandlung für beide Geschlechter.

> „Ein Mensch sagt und ist stolz darauf:
> Ich geh in meinen Pflichten auf!
> Doch bald darauf, nicht mehr so munter,
> geht er in seinen Pflichten unter!"
> (Eugen Roth, 1895-1976, dt. Autor)

Dieser einprägsame Vers von Eugen Roth verdeutlichte damals schon den Begriff Burnout der heute aktueller ist denn je. Die traurige Tatsache, dass mittlerweile bis zu 13 Millionen Bundesbürger nach Schätzungen von Gesundheitsexperten und Krankenkassen im Jahr 2014 von Burnout betroffen waren, ist ein alarmierendes Signal. Rund 71 Milliarden Euro gehen der deutschen Volkswirtschaft laut Expertenmeinungen durch Produktionsausfallkosten und eine verminderte Bruttowertschöpfung verloren. Etwa sieben Prozent der deutschen Arbeitnehmer sind nach Befragungen des Bundesarbeitsministeriums betroffen - wodurch das Burnout-Syndrom etwa so häufig auftritt wie Angststörungen, Depressionen oder Diabetes, und somit zu Recht von einer neuen Volkserkrankung gesprochen werden muss. In den USA und Asien liegen nach Studien die Zahlen sogar noch höher. Nach Aussagen der Bundesanstalt für Arbeitsschutz und Arbeitsmedizin am 29.01.2013 gehen 41 Prozent der Frühverrentungen auf psychische Ursachen zurück. Die Weltgesundheitsorganisation WHO stuft Stress als eine der größten Gesundheitsgefahren des 21. Jahrhunderts ein. (Hannoversche Lebensversicherung AG, 2015, S. 4-7) Das große Interesse an Information und Aufklärung in der Bevölkerung spiegelt sich in der medialen Präsenz des Begriffes "Burnout" wieder. Wenngleich das vorwiegend auf Erschöpfung beruhende Krankheitsbild ein Phänomen der heutigen Zeit zu sein scheint, so wurde es doch bereits vor mehr als einhundert Jahren von Medizinern beschrieben. Der amerikanische Psychoanalytiker Herbert J. Freudenberger (1974) beschrieb das Burnout-Syndrom als Erscheinung des vollständigen Motivationsverlustes bei helfenden Sozialberufen. In den sechziger Jahren wurde das Phänomen vor allem bei amerikanischen Organisationsberatern beobachtet. Bis heute beschreibt der Begriff Burnout ein Zustandsbild ohne einheitliche Definition. (ifa, Albrecht, o. J., S. 5-6)

Doch auch wenn verschiedene Fachmeinungen darüber bestehen, ob es sich bei einem Burnout um eine eigenständige Erkrankung, die Vorstufe einer Depression oder sogar um ein Synonym für eine Depression handelt, so besteht doch insgesamt Einigkeit über die Unverzichtbarkeit effektiver Präventionsmaßnahmen, deren Verantwortung nicht allein bei Arbeitnehmern und Ärzten liegt, sondern vor allem auch den Arbeitgeber betrifft. Dieser ist nach § 84 SGB IX gesetzlich dazu verpflichtet, frühzeitig Maßnahmen zu ergreifen, um chronischen Erkrankungen vorzubeugen. Psychische Belastungen sind in die Beurteilung der Gefährdungen explizit einbezogen (§ 17 ArbSchG). Burnout-Prävention stellt somit eine der wesentlichen Aufgaben professioneller Personalführung und Personalentwicklung dar. Sie wird in Deutschland nach § 3 des Einkommenssteuergesetzes auch steuerlich sowie gemäß § 20 SGB V von den Krankenkassen gefördert. (Hannoversche Lebensversicherung AG, 2015, S. 20).

In der folgenden Arbeit soll das Burnout-Syndrom eingehender beleuchtet werden. Der Auslöser für die Wahl dieses Themas war zum einen im Arbeitsumfeld zu finden, aber auch - wobei dies als Hauptursache galt - das eigene Verhalten in dem sich Anzeichen für eine Burnout Entwicklung zeigten. Aufgrund dieser Erkenntnis, fiel der Entschluss dieses Thema in Zusammenhang mit gezielter Personalmotivation zu beleuchten. Besondere Beachtung wird hierbei der Frage gewidmet, inwiefern Personalverantwortliche durch gelungene Motivierung und eine individuelle Forderung und Förderung der Mitarbeiter dem Burnout effektiv vorbeugen können.

# 2 Die typische Symptomatik des Burnout-Syndroms

Die Burnout-Praxis Straesser beschreibt Burnout als einen "[...] Zustand körperlicher, geistiger und emotionaler Erschöpfung. Von Burnout wird i. d. R. dann ausgegangen, wenn verschiedene Symptome aus den drei genannten Bereichen über einen <u>längeren Zeitraum</u> [Hervorhebung im Original] auftreten." (Burnout Praxis Straesser, o. J., www.burnout-kelkheim.de/burnout-syndrom.htm - zuletzt besucht am 19.11.2017) Die Sozialpsychologin Christina Maslach untersuchte seit den 1970er- Jahren Menschen in stressigen Berufen und formulierte die drei Kernaspekte des Burnout-Syndroms:

1.  Emotionale Erschöpfung - das Gefühl des "Ausgelaugtseins"

2.  Depersonalisierung - einhergehend mit negativen Gefühlen und einer negativen Wahrnehmung arbeitsbezogener Faktoren, die vorher so nicht bestanden haben, oft auch Zynismus und

3.  Reduzierte persönliche Leistungsfähigkeit, die oft auch mit einem Einbruch des Selbstwertgefühles einhergeht. (ifa, Albrecht, o. J., S. 7)

Zu den typischen Symptomen des Burnout-Syndroms zählen darüber hinaus unter anderem auch Schlafstörungen, Schwindel und Kopfschmerzen, aber auch Niedergeschlagenheit, Angstsymptome oder Suizidgedanken. (Hannoversche Lebensversicherung AG, 2015, S. 19).

Andere Quellen beschreiben das Burnout-Syndrom als

> "[...]gekennzeichnet durch Energieverlust, reduzierte Leistungsfähigkeit, Gleichgültigkeit, Zynismus und Unlust bei vorhergehendem, oft langjährigem, sehr hohem Engagement und überdurchschnittlichen Leistungen. Häufig genügt bei der langjährigen Anhäufung von Stress ein nur noch relativ geringer Auslöser (z. B. Stellenwechsel), um die Erkrankung zum Ausbruch zu bringen." (Keck, o. J., S. 4)

Lediglich für die Schweiz hat der Verein "Swiss Expert Network on Burnout" eine allgemeingültige Definition für das Burnout-Syndrom formuliert:

> Burnout ist eine arbeitsassoziierte Stressreaktion, die zu einem anhaltenden negativem Gefühlszustand bei normalen Individuen führt. Primär ist Burnout charakterisiert durch Erschöpfung, die begleitet ist von chronischem Stress, reduzierter Effizienz und Motivation und der Entwicklung von gestörter Einstellung und Verhalten am Arbeitsplatz. Burnout ist auf der somatischen Ebene gekennzeichnet durch eine Störung des neuroendokrinen Regulationsmechanismus, die sich in vegetativen Symptomen äußern kann. Dieser Zustand entwickelt sich allmählich und kann vom betroffenen Individuum über lange Zeit unbemerkt ablaufen. Es ist das Resultat eines

nicht Zusammenpassens von Arbeitsplatz und Mitarbeiter in den sechs Bereichen: Arbeitsmenge, soziales Umfeld, Unterstützung, Werte, Fairness und Kontrolle. Besteht ein Ungleichgewicht in einem oder mehreren dieser Bereiche, reichen die Ressourcen des Individuums nicht mehr, um mit den Bedingungen am Arbeitsplatz richtig umzugehen. Oft ist Burnout sich selbst unterhaltend, indem die Bewältigungsstrategien zunehmend inadäquat werden und somit Teil des Syndroms bilden. [Englisch im Original] (Swiss Experts Network on Burnout, o. J., https://www.burnoutexperts.ch/wissenswertes/burnout-definition - zuletzt besucht am 19.11.2017)

Es existieren zahlreiche Testverfahren zum Burnout-Syndrom. Demnach besteht ein Verdacht auf Burnout, wenn der Patient beispielsweise einer oder mehreren der folgenden Aussagen zustimmt:

- Mir fällt es heute schwerer, nach der Arbeit abzuschalten.
- Ich habe seit einer Weile Hobbys eingeschränkt, weil mir die Zeit und Kraft dafür fehlen.
- Ich arbeite neuerdings deutlich mehr als mir lieb ist.
- Mein privater Bekanntenkreis hat sich verkleinert.
- Ich bin deutlich reizbarer geworden als früher.
- Ich hatte in letzter Zeit häufiger als früher das Gefühl, dass mir alles über den Kopf wächst.
- Ich schlafe mittlerweile deutlich schlechter.
- Ich spüre häufiger als früher ein Gefühl der Erschöpfung, ohne körperlich gearbeitet zu haben.
- Ich fühle mich, anders als früher, nicht mehr allen beruflichen Anforderungen gewachsen.
- Meine Arbeit kommt mir zunehmend sinnlos vor.
- Ich habe immer mehr das Gefühl, mit der Arbeit nie fertig zu sein.
- Ich fühle mich zunehmend gehetzt.
- Ich empfinde einen steigenden Widerwillen gegen meine Arbeit.
- Mehr und mehr habe ich das Gefühl, für meine Anstrengungen zu wenig zurückzubekommen.
- Neuerdings können mir Kleinigkeiten den ganzen Tag verderben. (Hannoversche Lebensversicherung AG, 2015, S. 29)

Auch zahlreiche körperliche Symptome können mit einem Burnout-Syndrom einhergehen. Hierzu gehören unter anderem: Kopfschmerzen, Schwindel und Benommenheit, nächtliches Knirschen mit den Zähnen und Verspannung der Kaumuskulatur, Schwitzen, Muskelschmerzen, Herz- und Atembeschwerden, Magen-Darm-Beschwerden, Rückenschmerzen, Nackenschmerzen, Unterleibsbeschwerden / Zyklusstörungen oder Tinnitus. (Keck, o. J., S. 6)

Doch auch wenn das Burnout-Syndrom typische Symptome verursacht, bedarf eine effektive Behandlung doch einer gründlichen medizinischen Diagnostik, die neben psychiatrisch-psychosomatischen Aspekten auch z.B. Stoffwechselerkrankungen wie Funktionsstörungen der Schilddrüse oder Diabetes bzw. entzündliche Erkrankungen ausschließt, die ebenfalls zu großer physischer und psychischer Erschöpfung führen können. (Keck, o. J., S. 5)

# 3 Das Burnout-Syndrom: Nur ein individuelles Problem?

Lohneinbußen bis zum finanziellen Ruin, ein Verlust des sozialen Ansehens, Isolationsgefahr und Stigmatisierung stellen neben den psychischen und körperlichen Symptomen weitreichende negative Folgen für die Betroffenen dar. Doch auch die Wirtschaft leidet unter den Auswirkungen des Erschöpfungssyndroms: Nach einer Studie des Staatssekretariats für Wirtschaft (SECO) kosten Stress am Arbeitsplatz und dessen medizinischen Folgen und Arbeitsausfälle der Schweizer Volkswirtschaft jährlich rund 4,2 Milliarden Franken. (ifa, Albrecht, o. J., S. 27, zitiert nach SECO (2006)) Zu den Folgen für die Unternehmen zählen unter anderem: Produktionsverlust, Lohnausfallkosten, Mehrbelastung der anderen Teammitglieder und dadurch erhöhte Ausfallgefahr anderer Personen, Unruhe und Unsicherheit bei den anderen Mitarbeitenden, sinkende Identifikation mit dem Unternehmen der verbleibenden Mitarbeitenden, enormer Know-how Verlust u.v.m. (ifa, Albrecht, o. J., S. 26)

Zuverlässige Zahlen über die Häufigkeit eines Burnout-Syndroms lagen bis vor rund zehn Jahren noch nicht vor. Im Jahre 2007 wurde in einer repräsentativen Stichprobe eines Marktforschungsinstitutes die Frage "Ich fühle mich wie ausgebrannt, habe das Gefühl, irgendwann umzukippen." jedoch von rund 10,5 Prozent der knapp 2.000 Befragten mit "Ja" beantwortet. (CConsult, VBG Hamburg, 2017, S. 8)

# 4 Entwicklung eines Burnout-Syndroms

Das Burnout-Syndrom entsteht im Rahmen eines schleichenden Verlaufs über mehrere Stadien. In der Regel dauert es bis zu 18 Monate, bis ein Burnout-Syndrom so starke Beeinträchtigungen verursacht, dass es im Arbeitsumfeld erkannt wird. (Hannoversche Lebensversicherung, 2015, o. S.) Andere Quellen, wie zum Beispiel das Institut für Arbeitsmedizin schreiben hierzu: "Die Dauer eines Burnout- Prozesses lässt sich nicht konkret bestimmen, da der Verlauf sehr individuell ist. Außerdem kommt es darauf an, welchen Ursachen das Burnout genau zu Grunde liegt. Als Faustregel kann man aber sagen, dass ein Burnout bereits nach einigen Monaten beginnen kann und spätestens nach etwa drei Jahren offensichtlich wird. Eine zeitliche Datierung ist deshalb auch schwierig, da die Betroffenen selbst nicht merken, wie sie in den Burnout- Prozess eingetreten sind." (ifa, Albrecht, o. J., S. 23)

Doch bereits in der Anfangsphase kommt es zu typischen Warnsymptomen, bei denen aufmerksame Führungskräfte bereits Gegenmaßnahmen ergreifen können und sollten. Hierzu gehören zum Beispiel ein nahezu pausenloses Arbeiten, bei dem auf Erholung oder Entspannung verzichtet wird, das Gefühl der eigenen Unentbehrlichkeit bzw. Unersetzlichkeit am Arbeitsplatz sowie ein starkes Engagement für bestimmte Ziele. Oftmals wird der Beruf zum einzigen Lebensinhalt. Hyperaktivität und die Nichtbeachtung eigener Bedürfnisse stellen weitere Anzeichen für ein beginnendes Burnout-Syndrom dar. (Keck, o. J., S. 7)

Im weiteren Verlauf kommt es demgegenüber zu einem Abbau des Engagements, der Motivation und der Kreativität. Dem Betroffenen geht zunehmend der Überblick verloren, es kommt zu Unsicherheit und Problemen bei komplexeren Entscheidungen. Die geistige Leistungsfähigkeit reduziert sich ebenso wie die Ausdauer und die Konzentration, die Gedächtnisleistung nimmt ab. Im Verhalten werden häufig ein beruflicher oder privater Rückzug oder verstärkte Aggressivität und Impulsivität beobachtet. Das Institut für Arbeitsmedizin hebt vor allem das reduzierte Engagement in dieser Phase heraus:

> "In dieser Kategorie ist die idealistische Überhöhung der Arbeit typisch. Darauf folgt oft ein emotionaler, kognitiver und verhaltensmässiger Rückzug. Mit der Zeit entwickelt sich ein Überdruss bezüglich der Arbeit und häufig scheint es den Betroffen unmöglich, morgens zur Arbeit zu gehen. Hervorzuheben ist hier, dass es sich primär um Leute handelt, die ihren Beruf selbst wählten und ihn einmal heiss geliebt haben. Die völlige Hinwendung zu einem Bereich, wie hier zur Arbeit kann nach einiger Zeit genau das Gegenteil hervorrufen." (ifa, Albrecht, o. J., S. 21)

Mit der zunehmenden Verschlechterung der gesundheitlichen Situation geht oft ein erhöhter Missbrauch von Nikotin, Alkohol oder Medikamenten einher. Ferien und Urlaub werden als zusätzliche Belastung erlebt, Desinteresse gegenüber Mitmenschen, Abstumpfung und Pessimismus stellen sich ein. Das geistige, emotionale und soziale Leben verflacht, die Gedanken kreisen oftmals nur noch um den Beruf. (Keck, o. J., S. 8)

Schließlich stellen sich körperliche Symptome ein. Die Schwächung des Immunsystems geht mit häufigen Infektionserkrankungen einher. Muskuläre Verspannungen machen sich unter anderem in Rückenschmerzen bemerkbar. Neurologische Symptome wie Tinnitus und Migräne stellen sich ein. Die gestörte Schlafarchitektur führt zu Ein- und Durchschlafproblemen sowie dazu, dass Schlaf nicht mehr als erholsam erlebt wird. Herz-, Kreislauf- und Verdauungsprobleme gehören zu den typischen Begleiterkrankungen eines Burnout-Syndroms. Im schwersten Stadium kommt es zu einer Stressdepression, die zu großer existenzieller Verzweiflung bis hin zu Suizidgedanken und Suizidhandlungen führen kann. Hier bestätigt sich die Fachmeinung, wonach ein Burnout-Syndrom in eine Depressionserkrankung führen kann, bzw. sich symptomatisch nach ICD-10 (Internationale Klassifikation der Krankheiten) mit dieser überschneidet. Häufig larviert sich eine Stressdepression jedoch hinter erhöhter Aggressivität, Gereiztheit, Alkoholkonsum oder rein körperlichen Symptomen, so dass diese erst nach langer Leidensgeschichte erkannt wird. (Keck, o. J., S. 8-9)

# 5 Die Depression - eine lebensgefährliche Erkrankung

Typisch depressives Denken ist negativ verzerrt und einseitig fokussiert. Sozialer Rückzug als Folge des negativen Befindens verstärkt dies noch mehr. Dies erzeugt wiederum Stress und lässt depressive Menschen und von Burnout Betroffene in einen Teufelskreis geraten. Die Verzweiflung in der Depression lässt die Betroffenen häufig an Suizid denken. Rund 15 % der an einer schweren Depression erkrankten Menschen nehmen sich das Leben. Die Zahl der an Suizid Versterbenden übersteigt jährlich die Zahl der Verkehrstoten. Der sogenannte "Freitod" - der im gesunden Zustand getroffene Entschluss zum Suizid - kommt so gut wie nie vor. Das macht die Depression zu einer hochgradig gefährlichen Erkrankung. Suizidale Menschen müssen sofort in eine ärztliche Notfallbehandlung überführt werden. Schließlich kann die Depression zu weiteren Veränderungen der Stoffwechselregulation führen, die in lebensgefährliche Erkrankungen Herzinfarkt, Schlaganfall, Osteoporose, Insulinresistenz und Diabetes münden können. (Keck, o. J., S. 15-16)

# 6 Stress als Krankheitsursache

"Stress ist eine reflexartige Lebenserhaltungsreaktion durch hohe Bereitstellung von Energie und ist somit ein natürlicher Verteidigungsmechanismus, so Dr. Kissling vom Institut für Arbeitsmedizin (ifa)." Er unterstreicht, "[...] dass Stress ein Ungleichgewicht zwischen Anforderungen und den persönlichen Handlungsmöglichkeiten darstellt und dieser Zustand persönlich bedeutsam ist." (ifa, Albrecht, o. J., S. 10)

"Hält der Stress über längere Zeit an, so kann dies zu einem Zustand der körperlichen, emotionalen und geistigen Erschöpfung führen", schreibt Burnout-Experte Eigenmann in einem Zeitungsartikel, der sich im Jahr 2005 mit dem Zusammenhang zwischen Arbeitsbelastung und Burnout befasste. (ifa, Albrecht, o. J., S. 9, zitiert nach Eigenmann, 2005) Ein übermäßiges Engagement für die Arbeit, großer beruflicher Ehrgeiz, die Bereitschaft, sich zu verausgaben und ein hohes Perfektionsstreben stellen somit Risiken für ein hohes Stresserleben dar. Hohe Leistungsanforderungen allein lösen jedoch noch nicht zwangsläufig krankmachenden Stress aus. "Das Stresserleben ist eine wichtige Komponente im Burnout-Prozess aber sie ist nicht die einzige.", betonte Bodin daher bereits im Jahr 2000. (ifa, Albrecht, o. J., S. 9, zitiert nach Bodin, 2000). Erst wenn die Anforderungen als subjektiv nicht leistbar und modifizierbar erlebt werden oder der Mitarbeiter keinen Einfluss auf ihn betreffende Entscheidungen nehmen kann, kann dies in eine gesundheitsschädliche Situation führen. Das Institut für Arbeitsforschung schreibt dazu:

> "Für das Individuum ist es jedoch wichtig, eigene Entscheidungskompetenzen zu haben, bei relevanten Entscheidungen beteiligt zu sein um sich mit der eigenen Tätigkeit und Firma identifizieren zu können. Es konnte verschiedentlich nachgewiesen werden, dass die Übernahme von Verantwortung und positives Engagement im Beruf wichtige Maßnahmen in der Gesundheitsförderung am Arbeitsplatz sind." (ifa, Albrecht, o. J., S. 15, zitiert nach Karasek, 1988).

Geht mit chronischem Stress ein Gefühl des Kontrollverlustes und der Überlastung einher, so kommt es zu einer dauerhaften, krankmachenden Aktivierung des Stresshormonsystems, die es dem Gehirn nicht mehr ermöglicht, steuernd einzugreifen. Von einer Stressdepression Betroffene zeigen eine erhöhte Konzentration von Stresshormonen im Blut. Die ständige Überaktivität des Stresshormonsystems stört den Nervenzellstoffwechsel so stark, dass Produktion und Abbau der Botenstoffe im Gehirn aus dem Gleichgewicht geraten. Die gesteigerte Aktivität des Stresshormonsystems führt dazu, dass der Nervenzellstoffwechsel entgleist, chronischer Stress trägt zudem dazu bei, dass die Nervenzellneubildung in wichtigen Hirnregionen zurückgeht bzw. eingestellt wird, was zu den typischen Symptomen wie beispielsweise Konzentrations- und Gedächtnisstörungen, Leeregefühl und niedergedrückter Stimmung führt. Oft besteht eine Stresssituation jedoch bereits schon über viele Jahre, ohne dass der Betroffene an einem Burnout-Symptom erkrankt. Ein - vergleichsweise - unbedeutendes Ereignis kann jedoch dann "das Fass zum Überlaufen bringen" und in die Krankheit führen. (Keck, o. J., S. 15)

Wichtig ist allerdings die Feststellung, dass Stress an sich noch keine Krankheitsursache darstellt. Ausschlaggebend ist hingegen die individuelle Bewertung und Verarbeitung der Stressfaktoren.

> Greif definiert Stress als „ein subjektiv intensiv unangenehmer Spannungszustand, der aus der Befürchtung entsteht, dass eine stark aversive, subjektiv zeitlich nahe und subjektiv lang andauernde Situation sehr wahrscheinlich nicht vollständig kontrollierbar ist, deren Vermeidung aber subjektiv wichtig erscheint" (ifa, Albrecht, o. J., S. 10)

Es entsteht aus dem ursprünglichen Stressreiz ein scheinbar unentrinnbarer Dauerstress, dem sich der Burnout-Gefährdete oder Burnout-Betroffene hilflos ausgeliefert fühlt - vergleichbar mit einer Falle oder Zwickmühle. (CConsult, VBG Hamburg, 2017, S. 13)

Stressbewältigungsstrategien setzen genau hier an: Realistische Ziele und eine wirklichkeitsnahe Einschätzung der individuellen Möglichkeiten, Entspannung und Ruhepausen sowie positive Sozialkontakte stellen bewährte Möglichkeiten dar, den Stress zu bewältigen. (Keck, o. J., S. 12) Das Arbeitsumfeld muss daher dem Mitarbeiter die Möglichkeit bieten, entsprechend angemessen auf eine Stresssituation reagieren zu können.

# 7 Ursachen eines Burnout-Syndroms

Nach dem Institut für Arbeitsmedizin spielen zwei Hauptfaktoren bei der Entstehung eines Burnout-Syndroms eine entscheidende Rolle: Persönlichkeitsmerkmale und arbeitsbezogene Einstellungen, beziehungsweise Jobmerkmale und Aspekte des Arbeitsumfeldes. Wichtig ist nach Einschätzung des Institutes, „[...] immer alle Komponenten zu berücksichtigen, damit die Problemstellung individuell erfasst werden kann und zielorientiert Lösungsansätze gefunden werden können." (ifa, Albrecht, o. J., S. 16, zitiert nach Leupold, 2007)

Das Burnout-Syndrom ist eine psychosomatische Erkrankung mit seelischen und körperlichen Symptomen. Und auch ursächlich kann das Burnout-Syndrom sowohl auf psychosoziale Faktoren wie auch eine genetische Prädisposition zurückgeführt werden. Das Risiko, an einer Stressdepression zu erkranken, ist erhöht, wenn bereits in der Verwandtschaft, vor allem bei Verwandten ersten Grades, Depressionserkrankungen vorgekommen sind. Es wird jedoch nicht die Krankheit vererbt, sondern lediglich das Risiko, in einem belastenden psychosozialen Umfeld mit einer Entgleisung des Stresshormonsystems und des Nervenstoffwechsels zu reagieren und an einem Burnout zu erkranken. Weiß eine Person um ihre erhöhte Vulnerabilität, so kann diese gezielt Vorbeugungsmaßnahmen treffen bzw. rechtzeitig therapeutische Hilfe in Anspruch nehmen. (Keck, o. J., S. 13,18)

Das Institut für Arbeitsmedizin spricht auch von bestimmten Persönlichkeitstypen, die besonders anfällig für das Erkranken an einem Burnout-Syndrom seien, und bezieht sich hierbei auf eine Ausarbeitung im Psychological Bulletin aus dem Jahr 1996:

> "Neben den strukturellen Faktoren des Arbeitsplatzes müssen auch die individuellen Faktoren wie; die Neigung zu hoher Leistungsbereitschaft, Hang zu Perfektionismus, Streben nach Erfolg, fehlendes Bewusstsein bezüglich der Wichtigkeit von ausgleichenden Tätigkeiten und oftmals geringes Selbstwertgefühl, angeschaut werden. Menschen, die eher dazu neigen, ängstlich zu sein, sensibel sind und eher depressiv oder auch ablehnend reagieren, erleben sich häufiger anderen Menschen und den Dingen gegenüber „ausgeliefert". Menschen, mit solchen Persönlichkeitsmerkmalen haben ein erhöhtes Risiko, ein Burnout oder auch Herz-Kreislauf-Erkrankungen, wie Herzinfarkte zu erleiden." (ifa, Albrecht, o. J., S. 15, zitiert nach Miller, T. Q., Smith, T. W., Turner, C. W., Guijarro, M. L., & Hallet, A. J. (1996)).

Der selbst an einem Burnout erkrankte Skispringer Sven Hannawald äußerte sich hierzu in einem Interview folgendermaßen:

"Ich konnte nicht abschalten. Ich war perfektionistisch und zu ehrgeizig. Ich bin nach dem Wettkampf in den Teambus gestiegen und habe sofort über den nächsten Wettkampf nachgedacht. Andere Springer können sich auch mal zwei Tage ganz entspannen und sich mit etwas völlig anderem beschäftigen." (Focus, 2017, S. 79)

Das Institut für Arbeitsmedizin stellt folgende Persönlichkeitsmerkmale bei für ein Burnout besonders gefährdeten Menschen fest:

- Neigung zu hoher Leistungsbereitschaft,

- hohes Engagement bzw. Überengagement,

- Hang zu Perfektionismus,

- starke Identifikation mit der Arbeit,

- Erfolgsstreben,

- hohe Wettbewerbs- und Erfolgsorientierung,

- fehlendes Bewusstsein bezüglich der Wichtigkeit von ausgleichenden Tätigkeiten,

- oftmals geringes Selbstwertgefühl,

- Ängstlichkeit und Sensibilität,

- geringe Wahrnehmungsfähigkeit für die eigenen Gefühle,

- Vernachlässigung eigener Gefühle,

- Arbeit unter Zeitdruck,

- Neurotizismus und Ängstlichkeit,

- ein Gefühl der eigenen Unentbehrlichkeit und Unersetzbarkeit,

- Mühe zu delegieren. (ifa, Albrecht, o. J., S. 25)

Die Unternehmensberatung CConsult, VBG Hamburg, unterscheidet in ihrer 2017 für den VBG geschriebenen Broschüre sogar fünf aufeinander aufbauende Ebenen, auf denen Entstehungsursachen für ein Burnout-Syndrom gefunden werden können. "Damit ein Burnout-Prozess in Gang kommt, muss es an mindestens einer Stelle "Reibungspunkte" geben.", so CConsult, VBG Hamburg, (CConsult, VBG Hamburg, 2017, S. 9-10). Den Kern bildet hierbei ebenfalls die Persönlichkeit des Betroffenen, die individuelle Ebene. Auch CConsult, VBG Hamburg, streicht die übermäßige Fixierung auf die Arbeit als Lebensaufgabe heraus und zudem eine Unfähigkeit, "Nein" zu sagen. Die meisten der von Burnout Betroffenen lebten demnach mit mindestens einem der fünf klassischen Antreiber in sich, unbewussten absoluten Lebensgeboten, die sie für eine Überforderung besonders anfällig machten.

Diese seien:

- „Sei perfekt!
- Streng dich an!
- Beeil dich!
- Sei stark!
- Mache es den anderen recht!" (CConsult, VBG Hamburg, 2017, S. 10)

Eine Bewusstmachung und ein Hinterfragen dieser inneren Glaubenssätze stelle bereits eine wesentliche Hilfe bei der Vorbeugung gegen ein Burnout-Syndrom dar.

Die der persönlichen Anfälligkeit für Überforderung folgende Ebene ist entsprechend des Beratungsinstitutes das Zwischenmenschliche. Ungelöste Konflikte auf dieser Ebene, sei es im Privat- oder im Arbeitsleben, bilden die Hauptursache vieler Burnout-Erkrankungen. Burnout-Gefährdete sind häufig nicht in der Lage, sich angemessen zur Wehr zu setzen und entsprechend ihrer Leistungsfähigkeit auch Grenzen zu setzen. Das Thema Mobbing spielt auf der zwischenmenschlichen Ebene eine große Rolle, leitet aber bereits in den institutionellen Rahmen über. Nur eine Organisation, in der eine wertschätzende, und Mobbingprozessen gegenüber intolerante Unternehmenskultur herrscht, kann diesem bedeutenden Risikofaktor wirksam entgegentreten. Zuletzt werden von CConsult, VBG Hamburg, auch gesellschaftliche und globale Einflussfaktoren genannt, die eine Veränderung der Arbeitswelt und damit Risikofaktoren für Burnout-Erkrankungen mit sich bringen. Die permanente Erreichbarkeit per Internet und Smartphone stellt hierfür ein Beispiel dar. Da diese Faktoren durch den Einzelnen jedoch nur wenig bis gar nicht beeinflusst werden können, soll in dieser Arbeit nicht vertiefend darauf eingegangen werden.

# 8 Risikofaktoren im Arbeitsumfeld

Verschiedene Faktoren im Arbeitsumfeld begünstigen die Entstehung des Erschöpfungssyndroms. Hierzu gehören zum Beispiel folgende Gegebenheiten:

- zu hohe Arbeitsanforderungen
- zu geringer Gestaltungsspielraum
- wenig Anerkennung für Geleistetes
- wenig Unterstützung seitens des Vorgesetzten
- unflexible Arbeitszeiten
- viele Überstunden
- Unzufriedenheit mit den Arbeitsbedingungen
- dauerhaft oder regelmäßig auftretende stressige Arbeitssituationen
- keine Möglichkeit, regelmäßig Pausen einzulegen
- Arbeitswochen mit mehr als vierzig Arbeitsstunden
- schlechtes Arbeitsklima unter den Kollegen
- mangelnde Sinnhaftigkeit der Aufgaben
- keine Fort- oder Weiterbildungsmöglichkeiten
- fehlende Ansprechpartner für gesundheitliche Belange (Hannoversche Lebensversicherung AG, 2015, S. 31)

Auch ein Wertekonflikt (es müssen Aufgaben erledigt werden, die nicht dem eigenen Wertesystem oder Weltbild entsprechen und die innerlich abgelehnt werden) oder die ständige Erreichbarkeit über Mobiltelefon oder Internet/E-Mail stellen hohe Risikofaktoren für die Entstehung eines Burnout-Syndroms dar. (Keck, o. J., S. 5) Als sinnlos erlebte Arbeit führt in kurzer Zeit in den Burnout (CConsult, VBG Hamburg, 2017, S. 12), was die hohe Bedeutung von Personalentwicklung und -motivation im Hinblick auf die Burnout-Prävention herausstreicht.

> "Durch die Globalisierung und Digitalisierung der Kommunikation ist es möglich „rund um die Uhr zu arbeiten" und losgelöst von Arbeit-Zeit-Ort seiner Tätigkeit nachzugehen. Von den Beschäftigten wird ein hohes Maß an Anpassungsfähigkeit verlangt. Zeit ist Geld und Entscheidungen müssen schnell ohne Fehler und in hoher Qualität getroffen werden. Dieser Wandel hin zum enormen Leistungsdruck führt zu einem starken Konkurrenzkampf unter den Individuen.", (ifa, Albrecht, o. J., S. 13)

schreibt das Institut für Arbeitsforschung unter Bezug auf Klinglers Beitrag "Burnout und Berufsleben. Ärzteschaft im Diskurs mit Human Ressource Management. Humankapital – ein Wert im Unternehmen?" In diesem Zusammenhang bezieht sich das Institut für Arbeitsforschung auf eine Informationsschrift Leupolds für Betroffene und Angehörige zum Thema Burnout aus dem Jahr 2007, in dem sie ausführt:

> "Es konnte verschiedentlich aufgezeigt werden, dass hohe Arbeitsbelastung und Zeitdruck mit einem erhöhten Auftreten von Burnout einhergeht. Je mehr Arbeit in immer weniger Zeit zu erledigen ist, desto höher ist das Stressniveau. Wenn diese Konstellation über lange Zeit anhält, so besteht ein erhöhtes Burnout- Risiko. Leupold vergleicht diese Situation mit einem Hamster, der in seinem Rad wie verrückt rennt, mehr und mehr erschöpft, und nirgends ankommt." (ifa, Albrecht, o. J., S. 14, zitiert nach Leupold, 2007)

Die auf Dauer erlebte Dysbalance zwischen erbrachter Leistung und Wertschätzung sowie Arbeitsbelastung und Erholung führen langfristig in die Krankheit. Das Institut für Arbeitsmedizin zitiert Burisch (2006), nach dessen Überzeugung nicht die Arbeitsmenge sondern die Gefühlslage, mit der man seine Arbeit verrichtet, entscheidend ist. Das Institut für Arbeitsmedizin bezieht sich auf Burischs Ausführungen in "Das Burnout-Syndrom. Theorie der inneren Erschöpfung" aus dem Jahr 2006, und schreibt weiter, dass es hierfür schon ausreiche, wenn Zweifel am Sinn der eigenen Tätigkeit aufkämen. An dieser Stelle sind Führungskräfte und Personalverantwortliche in ihrer Fähigkeit zur Mitarbeitermotivation besonders gefragt.

Aber auch im umgekehrten Fall, dem sogenannten Boreout, stellt das Ungleichgewicht zwischen erlebter Arbeitsbelastung (in diesem Fall Unterforderung) und den persönlichen Fähigkeiten stellt ein hohes Krankheitsrisiko dar. Dieses sogenannte untypische Burnout erleiden Menschen, "[...]die in ihrem Job nicht besonders engagiert sind, also nie wirklich gebrannt haben, die sich unterfordert und gelangweilt fühlen, etwa weil sie den falschen Beruf ergriffen haben." (Focus, 2017, S. 79) "Die Folgen eines untypischen Burnouts können ebenso gravierend sein wie die eines typischen." (Focus, 2017, S. 79)

# 9 Organisationspsychologische Maßnahmen beim Erkennen eines Burnout-Syndroms

Das Institut für Arbeitsmedizin empfiehlt folgende Schritte als Anleitung für den Umgang mit einem vom Burnout-Syndrom betroffenen oder bedrohten Mitarbeiter:

1. Als Vorgesetzten den betroffenen Mitarbeiter konkret ansprechen.
2. Eine Fachperson beiziehen oder den Betroffenen an eine Fachperson weiterleiten.
3. Analysieren der Persönlichkeit des Betroffenen und des Arbeitsplatzes, da wie oben dargestellt beide Faktoren die Erkrankung beeinflussen.
4. Das Gespräch mit dem Therapeuten suchen, sofern dies vom Betroffenen gewünscht ist.
5. Eine bedächtige und langsame Reintegration, nachdem sichergestellt ist, das diese zum entsprechenden Zeitpunkt sinnvoll und anzuraten ist.

Das Institut für Arbeitsmedizin betont, dass ein gezielter Maßnahmenplan hilft, die getroffenen Entscheide umzusetzen. Regelmäßige Kontrollen, ob die Maßnahmen umgesetzt und auch adäquat sind, können zu einer nachhaltigen Veränderung führen. (ifa, Albrecht, o. J., S. 30). Als ausgesprochen wichtig wird angesehen, die Betroffenen per Teilzeitmodell oder auch nur durch regelmäßige Gespräche so lange wie möglich im Arbeitsprozess zu halten. Beratung durch nach Möglichkeit betriebsunabhängige Fachstellen sollte themenübergreifend in psychologischer, rechtlicher, finanzieller und medizinischer Hinsicht erfolgen. (ifa, Albrecht, o. J., S. 30). Von herausragender Bedeutung ist in diesem Zusammenhang eine von gegenseitiger Wertschätzung und Unterstützung geprägte Unternehmenskultur. Nicht nur der Vorgesetzte, auch Teammitglieder können den Betroffenen auf wertschätzende und mitfühlende Art ansprechen und so eine Verschlimmerung des Zustands gegebenenfalls rechtzeitig verhindern. (ifa, Albrecht, o. J., S. 39) Da es sich bei einem Burnout-Syndrom um eine schleichende Verschlechterung des gesundheitlichen Befindens und der Arbeitsfähigkeit handelt, merken Betroffene oft selbst die Veränderungen nicht. Hilfsangebote aufmerksamer Außenstehender können hier die einzige Möglichkeit sein, den Prozess rechtzeitig aufzuhalten.

Die VBG spricht in diesem Zusammenhang von sieben Frühwarnsymptomen, für die Führungskräfte und Kollegen sensibilisiert werden sollten:

1. **Warnsymptome der Anfangsphase:** Dazu gehören quälende Grübeleien über Probleme, die zu keinem Ergebnis kommen (nicht zu verwechseln mit problemorientiertem Denken), sowie Einschlaf- und Durchschlafschwierigkeiten

2. **Aufmerksamkeits- und Konzentrationsstörungen:** Zunehmende Zerstreutheit sowie Flüchtigkeitsfehler und zunehmende Schwierigkeiten sich auf eine Sache zu konzentrieren ergeben Aussetzer im Kurzzeitgedächtnis („Filmrisse"), Vergesslichkeit, Verlegen von Gegenständen wie Akten, Schlüsselbund, Geldbeutel und die Verzettelung in Kleinigkeiten

3. **Gefühl von Zeitnot und Gehetztheit:** Chronische innere Unruhe gefolgt von sichtbarer Nervosität. Die Unfähigkeit zur Entspannung mit zunehmender Unfähigkeit für unwesentliche Signale (E-Mails, Voice Mails, SMS) auszublenden oder zeitversetzt zu bearbeiten

4. **Sozialer Rückzug:** Meidung von Kontakten mit Kollegen und oder Kunden, Kurzangebundenheit, dazu zählt auch das Fernbleiben von Anlässen wie Betriebsausflüge, Feiern etc., gesteigerte Schwierigkeit anderen zuzuhören, Reduzierung des Bekanntenkreises

5. **Verringerte Emotionskontrolle:** Erhöhte Reizbarkeit mit Wutausbrüchen, verstärkte Neigung zu Tränen sowie starre Mimik

6. **Leistungsabfälle:** Erhöhter Zeitaufwand für Alltägliches, unnötiger Überstundenaufbau

7. **Krankheitsanfälligkeit für Erkältungen oder ähnliche Erkrankungen** (CConsult, VBG Hamburg, 2017, S. 8)

Das Institut für Arbeitsmedizin betont, dass auch auf Teamebene wesentliche Präventionsmaßnahmen getroffen werden können. Hierzu gehört die klare und transparente Kommunikation und klare Teamziele, sauber definierte Verantwortungsbereiche und Rollenklarheit, Teamentwicklung, eine Verbesserung der Arbeitsorganisation und Verbesserung der Prozessabläufe (ifa, Albrecht, o. J., S. 39, zitiert nach Abati, 2007). Entscheidend ist eine Unternehmenskultur, die den Mitarbeitenden Anerkennung und Wertschätzung für die geleistete Arbeit gibt und ihnen die Sinnhaftigkeit ihrer Tätigkeit vermitteln kann. Ressourcen, die einem Burnout vorbeugen, sollen gezielt gefördert werden. Zahlreiche Maßnahmen werden vom Institut für Arbeitsmedizin als wesentliche Präventivmaßnahmen vorgeschlagen. Hierzu gehören unter anderem:

1. Die Zusammenarbeit mit externen Fachpersonen. Als wesentlich wird dabei herausgestrichen, dass die Mitarbeiter selbst Zugang zu den Hilfsangeboten haben, und diese unabhängig vom Arbeitgeber aufsuchen können.

2. Die Sozialkompetenz des Vorgesetzten stellt einen Schlüsselfaktor in der Burnout-Prävention dar, da diese unmittelbare Auswirkungen auf die Unternehmenskultur und das Arbeitsklima hat. Das Institut für Arbeitsmedizin streicht heraus, dass es oftmals von einzelnen wichtigen Entscheidungsträgern abhängt, ob Burnout im Unternehmen ein Thema ist oder nicht.

3. Die ehrlich gemeinte Unterstützung der Führungskräfte durch das Top-Management in Bezug auf die Gestaltung der Unternehmenskultur und eine Burnout-Prävention stellt einen wesentlichen Punkt in diesem Zusammenhang dar. Es ist wichtig, dass die gesundheitsorientierte Wertekultur top-down vorgelebt und vermittelt wird.

4. Die führenden Kräfte einer Unternehmung müssen sich ihrer Verantwortung bewusst sein. Es ist immer ein Zusammenspiel von Individuum und Unternehmen, welches zu einem Burnout führt. Die Aus- und Weiterbildung von Führungskräften in Bezug auf ihre Sozialkompetenz und ihren Führungsstil stellt daher eine wichtige Maßnahme in der Vorbeugung des Erschöpfungssyndroms der Mitarbeiter dar. Die Führungskräfte müssen für die Thematik sensibilisiert und mit dem nötigen Wissen versorgt werden.

5. In der Unternehmenskultur müssen Handlungsspielräume für die Mitarbeiter bestehen und die Reduktion von möglichen Stressoren ein zentrales Thema darstellen.

6. Wichtig ist auch, dass stressarmes Führungsverhalten weitergegeben und ein verantwortliches Handeln mit den eigenen Ressourcen vermittelt wird.

7. Die Führungskräfte müssen genügend Zeit zum Führen haben und nicht mit dem Tagesgeschäft ausgelastet sein.

8. Persönliche Gespräche sind von zentraler Bedeutung um die Nähe zu den Mitarbeitern aufrechtzuerhalten.

9. Eine gut durchdachte und sorgfältige Mitarbeiterauswahl ist ein wichtiger Präventionsfaktor, da sowohl Über- als auch Unterforderung am Arbeitsplatz wesentliche Risiken für die Entwicklung eines Burnout-Syndroms darstellen.

10. Realistische Ressourcenplanung und Alternativszenarien für unvorhergesehene Situationen gehören ebenfalls in die Verantwortung der Führungskräfte, um eine Überforderung bei den Mitarbeitern zu verhindern.

11. Zielsetzungen müssen realisierbar sein.

12. Generell gilt, dass die eingesetzten präventiven Programme ausgewogen und gut durchdacht sein müssen. Es soll sich dabei um ganzheitliche Konzepte handeln, die in der Kultur verankert sind.

13. Hierzu gehört auch eine offene Informationskultur über verschiedene Hierarchie-Ebenen hinweg.

14. Das Coaching der Mitarbeiter stellt einen wichtigen und in Bezug auf die Gesunderhaltung effektiven Beitrag zur Personalentwicklung dar.

15. Regelmäßige Feedbacks helfen den Führungskräften, rechtzeitig Maßnahmen zu ergreifen und fördern eine wertschätzende Unternehmenskultur.

16. Flexible Arbeitszeit- und Teilzeitmodelle schaffen individuelle Möglichkeiten, die Arbeitsbelastung zu regulieren und zu einer ausgewogenen Work-Life-Balance zu gelangen.

17. Eine Integration des Themas Gesundheit in die Unternehmenspolitik mit einer entsprechenden budgettechnischen Gewichtung.

18. Die regelmäßige Einforderung von Eigenverantwortung hinsichtlich einer Einschätzung der persönlichen Leistungsfähigkeit und Gesunderhaltung bei den Mitarbeitern.

19. Maßnahmen der betrieblichen Gesundheitsförderung. Hierzu gehören unter anderem ein ärztlicher Dienst und ein Sozialdienst im Unternehmen, an das sich Mitarbeiter im Krisenfall vertrauensvoll werden können. (ifa, Albrecht, o. J., S. 40-41)

20. Employee-Assistance-Program - Mitarbeiterunterstützungsprogramme - stellen Kooperationen des Unternehmens mit externen Organisationen dar, die Hilfs- und Beratungsangebote, zum Beispiel zum Thema Burnout, anbieten. Mitarbeiter können diese Angebote in Anspruch nehmen, ohne dass der Arbeitgeber etwas davon erfährt. Da von einem Burnout gefährdet zu sein oft mit großer Scham und Sorge vor Entdeckung einhergeht, stellt dies ein besonders niedrigschwelliges und effektives Präventionsmittel dar. Diskretion ist absolute Voraussetzung. Die Erfahrung besagt, dass rund 10 Prozent der Belegschaft ein solches Angebot nutzen, in Veränderungspro-

zessen kann diese Zahl auch weitaus höher ausfallen. (CConsult, VBG Hamburg, 2017, S. 25-26)

# 10 Der Einfluss von Führungsverhalten und Motivation

Auch wenn der Einfluss des Führungsverhaltens auf die Gesundheit der Mitarbeiter und somit auf die langfristige Nutzung der Ressource Mensch im Unternehmen nicht nur in der Theorie sondern auch in der Praxis erst in den letzten Jahren an Bedeutung gewinnt (Schwenoha, 2015, S. 56): In den oben dargestellten organisationspsychologischen Gegenmaßnahmen kristallisiert sich besonders das Führungsverhalten als Schlüsselfaktor bei der Burnout-Prävention heraus. In diesem Zusammenhang wird in der Literatur häufig auf das sogenannte "VW-Experiment" verwiesen:

## 10.1 Das VW-Experiment

Um den Zusammenhang zwischen Fehlzeiten und Führungsverhalten zu untersuchen, versetzte Volkswagen in seinen Werken probeweise Vorgesetzte aus Bereichen mit überdurchschnittlich hohen Krankheitsraten in solche mit geringen Fehlzeiten. Das Ergebnis: Bereits nach einem Jahr hatte das nunmehr neue Team die gleichen Fehlzeiten wie das seinerzeit von der Führungskraft geleitete Team erreicht. Fazit: Führungskräfte nehmen den Krankenstand ihrer Abteilungen quasi mit.

(Der Spiegel, 2011, http://www.spiegel.de/spiegel/print/d-79652705.html, zuletzt angesehen am 30.08.2017)

## 10.2 Sinnvermittlung im Zusammenhang mit Stresswahrnehmung und Stressverarbeitung

Gerhard Bosch, Mitarbeiter des Institutes Arbeit und Qualifikation der Universität Duisburg/Essen drückt es so aus: "Zu den größten Stressfaktoren im Beruf zählen die Unsicherheit über die eigene Position im Unternehmen, der Mangel an Vertrauen zwischen Chefs und Untergebenen, permanente Überforderung durch unrealistische Vorgaben oder sinnfreie Aufgaben"

(Spiegel Online, 2011, http://www.spiegel.de/wirtschaft/unternehmen/burnout-gefahr-firmen-fuerchten-den-stressfaktor-chef-a-777093.html - zuletzt angesehen am 30.08.2017).

In seiner Salutogenese beschreibt der israelisch-amerikanische Medizinsoziologe Aaron Antonovsky (1923–1994) bereits in den achtziger Jahren des 20. Jahrhunderts, welche Eigenschaften und Ressourcen bei der Bewältigung von Stressoren hilfreich sind. Er beschrieb dabei das von ihm als "Kohärenzgefühl" benannte

Phänomen, nach dem bei einem Vorhandensein der drei Faktoren "Verstehbarkeit", "Handhabbarkeit" und "Bedeutsamkeit" im Erleben einer herausfordernden Situation diese besser zu bewältigen ist, als bei Abwesenheit derselben. (Scherrmann, Heidelberg, 2015, S. 97) Nach Anthonovsky lassen sich diese drei Faktoren durch die folgenden Fragen ermitteln:

1. **Verstehbarkeit:** Wieweit lässt sich das derzeitige Erleben in irgendeiner Art und Weise ordnen oder strukturieren? Lassen sich Muster abbilden und die zukünftige Entwicklung vorhersagen?

2. **Handhabbarkeit:** Gibt es genügend interne und/oder externe Ressourcen, um belastende Ereignisse zu meistern?

3. **Bedeutsamkeit:** Wird in dem, was aktuell erlebt wird, ein Sinn gesehen? Wird etwas von besonderem Wert gestaltet? Ist die Anforderung, der sich der Einzelne zu stellen hat, oder von der er herausgefordert wird, eine positive, motivierende Herausforderung die wenigstens zeitweilig für Freude und Zufriedenheit sorgt? (Scherrmann, Heidelberg, 2015, S 97)

Hier zeigt sich deutlich, wie sehr die Sinnfrage eine bedeutende Rolle als Motor oder Blockade in der Motivation eines Arbeitnehmers spielt und welchen Einfluss sie auf die psychische Gesundheit in der Arbeitswelt nimmt. Der Wiener Psychiater Viktor E. Frankl (1905 - 1997) drückt es so aus: "Der Mensch ist immer schon ausgerichtet und hingeordnet auf etwas, das nicht wieder er selbst ist, sei es eben ein Sinn, den er erfüllt, oder ein anderes menschliches Sein, dem er begegnet." (Scherrmann, 2015, S. 97-98, zitiert nach Frankl, 2007). Übertragen auf die Arbeitswelt bedeutet dies, dass dem Arbeitnehmer jene Frage beantwortet werden muss: "Wofür ist das gut, was ich hier tue oder hinnehme?" Dadurch, dass Menschen ihre Arbeit als sinnstiftend erleben, bindet das Unternehmen die Mitarbeiter an sich und sichert ihre Einsatzbereitschaft. (Scherrmann, 2015, S. 97-98). Folgende Fragen helfen, die eigene Arbeit als sinn- und wertvoll zu erleben:

- "Habe ich eine Aufgabe, zu der ich Ja sagen kann, die ich als sinnvoll erlebe?

- Vermittelt mir mein Vorgesetzter "Sinndimensionen", die er, das Unternehmen bzw. die Organisation sehen?

- Kann ich diesen Sinn verstehen und akzeptieren? Wird darin etwas von der Bedeutung meiner Tätigkeit für das Unternehmen bzw. die Organisation, den Kunden oder die Gesellschaft deutlich?

- Sind meine Arbeitsbedingungen so beschaffen, dass ich sinnvolle Aufgaben übernehmen und damit etwas Wertvolles tun kann?" (Scherrmann, 2015, S. 98-99)

Scherrmann führt aus, dass, sollte die Arbeitskraft diese Fragen nicht bejahend beantworten können, Möglichkeiten der Veränderung beleuchtet werden sollten, anstatt den Fokus im Sinne eines falsch interpretierten "Work-Life-Balance-Ansatzes" ausschließlich auf sinnstiftende Tätigkeiten außerhalb der Arbeitszeit zu lenken. Um entsprechende Kompetenzen bei den Führungsverantwortlichen zu stärken, betont Scherrmann die Bedeutsamkeit der Selbstreflexion und des Selbstmanagements der Führungskraft, die auf diese Weise befähigt wird, selbst Sinn in der Tätigkeit zu sehen und zu vermitteln. (Scherrmann, 2015, S. 97-98) Führen bedeutet daher: Menschen Orientierung geben und sie auf dem Weg zum Ziel mitnehmen, indem man ihnen vermittelt, welchen Beitrag sie zu einem größeren Ganzen leisten. Dieses Bewusstsein geht Mitarbeitern gerade in einem Umfeld, in dem ihr Handeln permanent überprüft wird, oft verloren. Eine sinnstiftende Führung informiert die Mitarbeiter nicht nur über unternehmerische Ziele, sondern lässt die Mitarbeiter erkennen, inwieweit das Erreichen besagter Ziele einen Beitrag zum Wohl eines größeren Ganzen leistet.

(HRweb, 2015, https://www.hrweb.at/2015/09/sinnstiftend-fuehren-motivation-steigern-sinn-schaffen-als-management-aufgabe/ - zuletzt angesehen am 24.10.2017)

## 10.3 Intrinsische Motivation versus extrinsische Motivation

Forscher stellen immer wieder den hohen Zusammenhang zwischen dem subjektiv erlebten Sinn in der Tätigkeit und der Gefahr des Burnouts in den Mittelpunkt des Interesses: "[...] als sinnlos erlebte Arbeit lässt Menschen in kurzer Zeit ausbrennen; dazu gezwungen zu sein, kann Menschen in den Suizid treiben. Sinnstiftung ist also vonnöten.", streicht die VBG in ihrer Informationsschrift "Burnout verstehen, erkennen, bekämpfen. Informationen für Führungskräfte", deutlich heraus. Es geht daher darum, Mitarbeiter nicht nur finanziell zu binden, sondern auch emotional zu involvieren und Identifikationsmöglichkeiten zu stiften. (CConsult, VBG Hamburg, 2017, S. 12)

Den US-amerikanischen Psychologen Richard M. Ryan und Edward L. Deci zufolge gibt es drei Grundmotive, die Menschen motivieren, Handlungen um ihrer selbst willen auszuführen:

1. **Autonomie:** Menschen wollen eigenständig gestalten.

2. **Selbstwirksamkeit:** Menschen möchten, dass das, was sie tun, wahrgenommen wird. Sie wollen eine Rückmeldung ihrer Umwelt – nicht nur im Hinblick auf ihre Leistung und die Richtigkeit der Ausführung, sondern bezogen auf den Wert, den ihr Tun für das große Ganze hat.

3. **Beziehung:** Menschen wollen von den Personen in ihrem Umfeld Aufmerksamkeit, Wertschätzung und Anerkennung erfahren. Kurz - Menschen wollen Spuren hinterlassen.

   (HRweb, 2015, https://www.hrweb.at/2015/09/sinnstiftend-fuehren-motivation-steigern-sinn-schaffen-als-management-aufgabe/ - zuletzt angesehen am 24.10.2017)

Dies spiegelt sich auch in der ab Beginn der vierziger Jahre des 20. Jahrhunderts von dem US-amerikanischen Psychologen Abraham Maslow entwickelten Maslowschen Bedürfnispyramide, nach der der Mensch zunächst nach der Erfüllung physiologischer und Sicherheitsbedürfnisse sowie sozialer Bedürfnisse strebt. Sind diese erfüllt, wird der Wunsch nach Autonomie, sowie nach sozialer Anerkennung geweckt. An der Spitze der Pyramide steht letztlich die Selbstverwirklichung des Individuums mit dem Ziel, das volle persönliche Potential auszuschöpfen. Man könnte dies als vollkommene intrinsische Motivation bezeichnen. Interessant ist hierbei, dass die ersten vier Bedürfniskategorien (Sicherheits- und soziale Bedürfnisse, Autonomie und Anerkennung) mit zunehmender Befriedigung abnehmen. Die Wachstumsbedürfnisse der Selbstverwirklichung, des steten Ausschöpfens des persönlichen Potentials und der persönlichen Fähigkeiten hingegen, gewinnen mit zunehmender Befriedigung an Motivationskraft. Hieraus lässt sich ableiten, dass eine Arbeitsgestaltung, die sich durch eine starke Befriedigung der Wachstumsbedürfnisse auszeichnet, für eine besonders hohe Mitarbeitermotivation sorgt. (Biel, 2013, S. 5) Zu beachten ist allerdings, dass die einzelnen Bedürfniskategorien auch situativ nebeneinander bestehen können. So bleibt zum Beispiel der Wunsch nach einem sicheren Arbeitsplatz auch dann weiterhin bestehen, wenn hohe Werte in der Autonomie und Selbstverwirklichung erreicht werden können.

Die Initiative arbeitundgesundheit.at schreibt in ihrer Information: "Finanzielle Anreize alleine reichen nicht aus, um Mitarbeiter zu binden und zu motivieren. Genauso wichtig sind für die Beschäftigten gesundheitsfördernde Arbeitsbedingungen, ein attraktives Arbeitsumfeld, anregende und abwechslungsreiche Arbeitsaufgaben und ein gutes Miteinander im Betrieb. Gesundheit und Freude bei der Arbeit sind zentrale Voraussetzungen für die Leistungsbereitschaft der Mitarbeiter und die wirtschaftliche Leistungsfähigkeit von Unternehmen"

Arbeitszufriedenheit steht in einem direkten und wechselseitigen Zusammenhang mit der Arbeitsmotivation: Zum einen kann Arbeitszufriedenheit als das Ergebnis von Arbeitsmotivation betrachtet werden: Stimmen die positiven Konsequenzen einer motivierten Handlung mit den zuvor gehegten Erwartungen mindestens überein, so entsteht das Gefühl der Arbeitszufriedenheit. Im umgekehrten Fall entsteht durch die Diskrepanz zwischen Erwartung und realem Ergebnis ein Gefühl der Unzufriedenheit. Gleichzeitig stellt Arbeitszufriedenheit aber auch einen motivierenden Faktor dar. (Biel, 2013, S. 10, zitiert nach Berthel, Jürgen/Becker, Fred G.: Personalmanagement, S. 97 und Nerdinger, Friedemann W./Blickle, Gerhard/Schaper, Niclas: Arbeits- und Organisationspsychologie, S. 395)

Arbeitszufriedenheit zählt zu den intrinsischen Motivationsfaktoren. Zur Unterscheidung zwischen intrinsischer und extrinsischer Motivation soll auf eine Definition der Wirtschaftspsychologischen Gesellschaft (WPGS) zurückgegriffen werden. Demnach versteht man unter intrinsischer Motivation "Motivation, die aus einer Aufgabe selbst entspringt, etwa weil diese als bedeutsam wahrgenommen wird und Freiraum bei den Entscheidungen bietet." (WPGS, o. J., https://wpgs.de/fachtexte/motivation/intrinsische-und-extrinsische-motivation/ - zuletzt besucht am 30.08.2017) Hier spiegeln sich die oben genannten Motive Ryans und Decis wieder. Extrinsische Motivation wird in Abgrenzung hierzu wie folgt definiert:

> "Extrinsische Motivation, speist sich aus den Ergebnissen eines Verhaltens (etwa einem hochwertigen Ergebnis) und zusätzlichen Konsequenzen von außen – typischerweise Anreizen wie Geld oder Strafen. Auch Lob und Anerkennung von anderen sind klassische extrinsische Anreize. Dazu zählt alles, was von außerhalb eines Verhaltens selbst kommt, um das Verhalten zu motivieren." (WPGS, o. J., https://wpgs.de/fachtexte/motivation/intrinsische-und-extrinsische-motivation/ - zuletzt besucht am 30.08.2017)

Typische extrinsische Motivatoren sind beispielsweise Belobigung, eine Beförderung, eine Gehaltserhöhung oder die Erreichung von Status und Macht. (Biel, 2013, S. 13)

Die WPGS gibt im Hinblick auf das Führungsverhalten der intrinsischen Motivation eine ganz klare Präferenz. Demnach ist extrinsische Motivation "[...] wenn man es hart formuliert, daher eher eine Alternative, wenn es nicht gelingt, Arbeitstätigkeiten selbst motivierend genug zu gestalten – oder wenn man die falschen Mitarbeiter ausgewählt hat, die keinen eigenen Antrieb mitbringen." (WPGS, o. J., https://wpgs.de/fachtexte/motivation/intrinsische-und-extrinsische-motivation/ - zuletzt besucht am 30.08.2017)

> "Personen die aus intrinsischer Motivation Verhalten zeigen, sind im Vergleich mit extrinsisch motivierten Personen zufriedener mit ihrer Tätigkeit (genießen den Weg), verfolgen die Ziele hartnäckiger, freuen sich mehr über das Erreichen eines Zieles und kommen besser mit Misserfolg zurecht. (z.B. Sheldon et al., 2004) Das sieht nach guten Gründen aus, auf intrinsische Motivation zu setzen." (WPGS, o. J., https://wpgs.de/fachtexte/motivation/intrinsische-und-extrinsische-motivation/ - zuletzt besucht am 30.08.2017)

Aus diesen Definitionen und Schlussfolgerungen liegt es nahe, anzunehmen, dass intrinsische Motivation auch im Hinblick auf die Burnout Prävention eine Schlüsselrolle spielt. Dennoch ist die Abgrenzung im realen Berufsleben nicht immer klar vorzunehmen. Laut Biel (2013, S. 2) ist häufig der Fall gegeben, dass sich extrinsisch motiviertes Handeln im Laufe der Zeit intrinsisch motiviert entwickelt. Eine hohe Entlohnung für eine Tätigkeit könne unter Umständen die Voraussetzung dafür bilden, dass eine Person mit der Zeit aufrichtiges Interesse oder Spaß an der Tätigkeit entwickelt und somit intrinsische Motivation entsteht. Doch auch der umgekehrte Fall sei denkbar: Die anfangs vorhandene intrinsische Motivation zu einer Handlung könne durch extrinsische Anreize verdrängt werden. Ein Verkäufer beispielsweise, welcher sich intrinsisch motiviert dazu bewegt fühlt, seinen Kunden hochwertige Ware zu verkaufen, kann durch hohe Bonuszahlungen dazu verleitet werden, gegen seine innere Überzeugung minderwertige Qualität zu verkaufen. Das Interesse des Mitarbeiters in diesem Beispiel hätte sich durch finanzielle Anreize auf extrinsische Aspekte verschoben. (Biel, 2013, S. 3)

Die Aufgabe der Führungskraft ist es, mitarbeiterspezifisch zu erkennen, ob dieser vorwiegend intrinsisch oder extrinsisch motiviert werden kann. Ein von intrinsischen Werten geprägter Mitarbeiter wird auch mit einer interessanten Arbeit zufrieden sein, selbst wenn sie schlecht bezahlt wird. Eine von extrinsischen Arbeitswerten geprägte Person hingegen wäre auch mit einer sehr arbeitsintensiven oder monotonen Arbeit zufrieden, solange sie gut entlohnt wird. Arbeitszufriedenheit stellt sich genau dann ein, wenn die persönlichen Bedürfnisse befriedigt werden. Je höher der (persönliche) Anreiz einer Arbeit ist, umso eher stellt sich die angestrebte Arbeitszufriedenheit ein. (Biel, 2013, S. 13)

Demnach wäre es auch hinsichtlich der Burnout Prävention möglich, Arbeitszufriedenheit über extrinsische Motivatoren zu generieren, was den Handlungsspielraum der Führungskraft im Hinblick auf die Mitarbeitermotivation erhöht. Anerkennung, die Vermittlung von Erfolgserlebnissen und die Vorhaltung realistischer Aufstiegs- und Entwicklungsmöglichkeiten stellen einige der zu nennenden Instrumentarien dar. (Biel, 2013, S. 13)

## 10.4 Möglichkeiten und Grenzen intrinsischer und extrinsischer Motivationsinstrumente

### 10.4.1 Materielle Motivationsinstrumente

Hierzu gehören zum Beispiel die leistungsabhängige Vergütung bzw. Erfolgsprämien. Hierdurch wird ein externer Anreiz für eine höhere Produktivität gesetzt. Häufig wird eine leistungsabhängige Vergütung mit einer garantierten Mindestvergütung kombiniert, um bei stärkeren Leistungseinbrüchen des Mitarbeiters dessen Existenz sichern zu können. Bei akkordfähigen, das heißt sich wiederholenden Tätigkeiten wird häufig zusätzlich zu der Mindestvergütung ein Akkordlohn gezahlt, der der tatsächlichen Leistung des Arbeitnehmers entspricht. So wird Leistungsgerechtigkeit erzielt und ein Anreiz für Mehrleistung gesetzt. Ein Äquivalent hierzu stellt die Erfolgsprämie dar, die zusätzlich zu einem fixen Gehalt bei einer überdurchschnittlichen Leistungserbringung an den Arbeitnehmer ausgezahlt wird. (Biel, 2013, S. 16)

Die Motivationsleistung beider Lohnformen beruht auf der von Victor H. Vroom 1964 veröffentlichten Theorie des Valenz-Instrumentalitäts-Erwartungs-Modells. Nach dieser Prozesstheorie wählen Menschen die Alternativen, die von hohem subjektivem Nutzen sind. (lead & conduct !, 2014, (http://www.lead-conduct.de/2014/02/23/vie-theorie/ - zuletzt besucht am 31.08.2017) Hierbei ergibt sich die Handlungsmotivation aus den drei Determinanten Valenz, Instrumentalität und Erwartung.

Zur Erläuterung der Begriffe:

Die Valenz (Wertigkeit) beschreibt die subjektive Bedeutung der Bedürfnisbefriedigung. Diese Variable ändert sich von Zeit und Zeit und ist von Person zu Person unterschiedlich. Die Instrumentalität beantwortet die Frage, inwiefern die zu erwartende Belohnung zur Befriedigung der individuellen Bedürfnisse beitragen wird. Die Erwartung schließlich fragt zum einen nach der Eintrittswahrscheinlichkeit des gewünschten Ergebnisses aufgrund der ausgeführten Handlung einerseits, und der Eintrittswahrscheinlichkeit der gewünschten Belohnung andererseits. (Handlungs-Ergebnis-Erwartung und Ergebnis-Folge-Erwartung). (lead & conduct !, 2014, (http://www.lead-conduct.de/2014/02/23/vie-theorie/ - zuletzt besucht am 31.08.2017)

Eine Handlungsmotivation entsteht nach der VIE- Theorie durch die Multiplikation dieser drei Faktoren: **Handlungsmotivation = Valenz x Instrumentalität x Erwartung.** Eine Handlungsmotivation entsteht also nur, wenn keiner der Faktoren Null ist. (Biel, 2013, S. 8). Generell bemerken Kritiker, dass eine Führung aufgrund der VIE-Theorie sehr schwierig ist, da die Theorie auf stark subjektiven Prozessen beruht und die Variablen daher bei jedem Menschen sehr unterschiedlich sind. Eine sehr gute Kenntnis der Mitarbeiter durch die Führungskraft ist daher unabdingbar. Darüber hinaus geht die Theorie von stets rationalen und im Sinne der eigenen Bedürfnisse handelnden Personen aus. Auch dies ist in der Realität in dieser Form nicht anzutreffen. (lead & conduct !, 2014, (http://www.lead-conduct.de/2014/02/23/vie-theorie/ - zuletzt besucht am 31.08.2017)

Hinsichtlich des durch die leistungsabhängige Vergütung gesetzten Anreizes findet das Modell Vrooms jedoch durchaus Anwendung: Ein höherer Lohn stellt eine gewünschte Handlungsfolge dar, der Anreiz ist direkt an eine Leistung geknüpft. (Biel, 2013, S. 16) Nachteilig bei dieser Motivationsform ist die Tatsache, dass sie einen beständig hohen Druck aufbaut: Ohne Unterlass das eigene maximale Leistungspotential abzurufen, unter Umständen sogar unter Überschätzung der eigenen Leistungsfähigkeit, stellt eine permanente physische und seelische Belastung für die Akkordarbeiter dar, die zu gesundheitlichen Folgeschäden führen kann. Gruppenakkordlöhne können zudem über ein empfundenes Maß an Ungerechtigkeit zu Demotivation führen.

Kapital- und Erfolgsbeteiligungen stellen materielle Anreize dar, die einen Teil der Vergütung des Mitarbeiters an das Erreichen der Unternehmensziele knüpfen. (Biel, 2013, S. 16-18) Laut Biel (2013, S. 20) wird in Anlehnung an Wagner, Dieter/ Grawert und Achims Werk Sozialleistungsmanagement

> "[...] den Mitarbeitern [...] der unmittelbare Zusammenhang zwischen ihrer eigenen
> erbrachten Arbeitsleistung und der Höhe ihres Anteils am Gewinn verdeutlicht, was
> eine starke Motivation zu einer erhöhten Leistungsbereitschaft erwirkt. Darüber
> hinaus werden sowohl Arbeitgeber als auch Arbeitnehmer angeregt, ihre Interes-
> sensgegensätze zu überwinden und im wirtschaftlichen Sinne des Unternehmens zu
> handeln. Das Verhältnis soll so in partnerschaftlicher Hinsicht gestärkt werden,
> wodurch sich auch das Betriebsklima, die Mitarbeiterzufriedenheit und die Mitarbei-
> terbindung verbessern." (Biel, 2013, S. 20, zitiert nach Wagner, Dieter/ Grawert,
> Achim: Sozialleistungsmanagement, S. 121-122)

Dieser Leistungsanreiz ist aber nur gegeben, solange der Mitarbeiter die Auswir-
kung seines Handelns auf den Unternehmenserfolg nachvollziehen kann. Dies
wird regelmäßig in kleineren Unternehmen und höheren Hierarchieebenen eher
gegeben sein. (Biel, 2013, S. 20)

### 10.4.2 Immaterielle Motivationsinstrumente

Immaterielle Motivatoren beziehen sich auf die in der oben dargestellten
Maslowschen Bedürfnispyramide angesprochenen Bedürfnisse nach Sicherheit,
Anerkennung, Autonomie und Selbstverwirklichung. Hier stehen den Führungskräften verschiedenste Instrumente zur Verfügung, die situativ personen- und
unternehmensbezogen eingesetzt werden können. Zu den immateriellen Motiva-
tionsinstrumenten zählen unter anderem:

- Entwicklungsperspektiven im Rahmen einer Karriere- und Laufbahnpla-
  nung
- Weiterbildungsmaßnahmen
- Job Rotation, Job Enlargement und Job Enrichment (Systematische Arbeits-
  platzwechsel, horizontale Aufgabenerweiterungen und die Erteilung qualitativ höherwertiger Aufgaben)
- flexible Arbeitszeitgestaltungsmöglichkeiten
- Arbeitsplatzflexibilisierung durch Telearbeit und
- eine motivierende Mitarbeiterführung (Biel, 2013, S. 20-22), sowie darüber
  hinaus
- ein kooperativer Führungsstil und
- das Führen über Zielvereinbarungen (Hellrung, 2012, S. 22, 27)

Grenzen in der immateriellen Anreizgestaltung zeigen sich dort, wo beispielsweise soziale Bedürfnisse durch ein schlechtes Arbeitsklima, Mobbing am Arbeitsplatz oder eine demotivierende Führungskultur nicht befriedigt werden können.

## 10.5 Burnout als Folge fehlender Arbeitsmotivation

Wird das Bedürfnis nach Anerkennung und Wertschätzung dauerhaft nicht befriedigt, leidet nicht nur die Motivation, sondern es handelt sich hierbei um einen Stressfaktor, der langfristig in die Krankheit führen kann. Die oftmals in den Unternehmenskulturen verankerte Ansicht "nicht kritisiert ist genug gelobt", führt nach Ansicht des VDMA Betriebswirtschaft geradewegs ins Burnout.

(Andrea Veerkamp-Walz, Abt. Betriebswirtschaft des VDMA, o. J., S. 2-4, http://www.vdma.org/documents/105628/244511/Leitfaden%20Prophylaxe% 20Burnout.pdf/f43305d8-edab-4e31-875a-9c246ff485de - zuletzt besucht am 27.11.2017)

Das entspricht auch der Ansicht des Wirtschaftspsychologen Dr. Falk Richter, der nach eigenen Worten provokant behauptet: "Wenn jemand ausreichend Wertschätzung für seine Anstrengungen erfährt, ist Burnout weitgehend ausgeschlossen!" (Falk Richter-Beratung, 2012, (http://www.falk-richter-beratung.de/-0021_burnout_fehlende_wertschaetzung.htm - zuletzt besucht am 27.08.2017)

Erst wenn die Wertschätzung für diese Anstrengung und Arbeit fehle, steige die Wahrscheinlichkeit von Burnout rapide an, so Richter. Dabei spiele zunächst Wertschätzung in Form eines angemessenen Gehalts eine wichtige Rolle. Noch viel wichtiger seien allerdings die erlebte Sinnhaftigkeit und Rückmeldung aus der Tätigkeit und die Anerkennung, die man von anderen erfahre. Eine körperlich oder auch geistig anstrengende Arbeit könne befriedigend und motivierend sein, wenn sie gleichzeitig Feedback beinhaltet. Ein solches Feedback könne auch aus der Aufgabe selbst resultieren, so der Wirtschaftspsychologe.

(Falk Richter-Beratung, 2012, (http://www.falk-richter-beratung.de/0021-_burnout_fehlende_wertschaetzung.htm - zuletzt besucht am 27.08.2017) Hier bestätigen sich die eingangs dargestellten Ausführungen, die vor allem den Zusammenhang zwischen erlebter Sinnhaftigkeit, Kohärenzempfinden und der Widerstandsfähigkeit gegen Stressfaktoren verdeutlichen, selbst wenn es sich um eine (vorübergehend) stark belastende oder auch überlastende Arbeitsaufgabe handelt.

## 10.6 Burnout als Folge chronischen Überlastungsempfindens

Im Berufsalltag trifft man häufig auf Personalmangel, inadäquate Ressourcen, Zeitdruck, fehlende Kommunikation, Arbeitsüberlastung, destruktives Führungsverhalten, Hierarchiebarrieren und eine fehlende oder inadäquate Unterstützung durch Vorgesetzte. All diese Faktoren gelten als Stressoren, die mehr oder weniger stark auf das Individuum einwirken. (Klemisch, 2006, S. 20)

Die Hemera-Klinik beschreibt das Burnout-Syndrom als das "Ergebnis von durch Beruf oder Schule oder schwierigen privaten Umständen bedingten Stressempfindens. Dabei geht man von verschiedenen Phasen aus. Der permanente Zeit- und Leistungsdruck mit oft übersteigerter Aktivität führt zu Überlastungs- und Erschöpfungserscheinungen." (HEMERA Klinik, o. J., (http://www.hemera.de-/behandlungsschwerpunkte/depressive-stoerungen/burnout-symptome/ - zuletzt besucht am 24.10.2017)

Interessant ist in diesem Zusammenhang die Aussage, dass es sich um das Empfinden von Stress handelt. Hier lohnt es sich, noch einmal auf den Ansatz der Salutogenese von A. Anthonovsky zu schauen: Der Mensch ist nach Antonovskys salutogenetischem Konzept bestrebt, bedrohliche und gesundheitsförderliche Anteile in ein Gleichgewicht zu bringen. Gesunde Menschen verfügen, wie oben dargestellt, in besonders ausgeprägter Weise über ein Gefühl von Verstehbarkeit der Umwelt, Situationen, Ereignisse, Entwicklungen, anderer Menschen und auch des eigenen Selbst, sowie eine Sinnhaftigkeit und Bedeutsamkeit seines Lebens, seiner Biographie, seines Tuns, Ziele und Werte. (Burnout-Stop, o. J., http://www.burnout-stop.de/salutogenese/ - zuletzt angesehen am 31.08.2017) Im Zusammenhang mit dem chronischen Gefühl der Überlastung wird hier die dritte Komponente in Anthonovskys Konzept bedeutsam: Menschen, die Stressoren gegenüber besonders widerstandsfähig sind, verfügen über ein ausgeprägtes Gefühl von Handhabbarkeit bzw. Bewältigbarkeit: Sie verfügen über die intuitive Gewissheit, selbst über geeignete Ressourcen und Hilfsquellen zu verfügen, um interne und externe Probleme und Schwierigkeiten wirksam meistern zu können. Dazu können eigene Ressourcen, Helfer oder auch ein spiritueller Glaube beitragen. (Burnout-Stop, o. J., http://www.burnout-stop.de/salutogenese/ - zuletzt angesehen am 31.08.2017) Als geeignete Ressourcen nennt Antonovsky zum Beispiel: körpereigene Abwehrkräfte und eine günstige genetische Disposition, Empathie, Ich-Stärke, Intelligenz, soziale Unterstützung oder materiellen Wohlstand.

Die Theorie Anthonovskys deckt sich somit mit der Aussage Greifs, nach der "[...] Stress als subjektiv unangenehmer Spannungszustand verstanden [wird,] der aus der Befürchtung entsteht, eine aversiv erlebte Situation nicht kontrollieren oder ausreichend bewältigen zu können." (Hentrich, 2016, S. 13, zitiert nach Greif, 1991). Dafür spricht auch die Aussage, dass emotionale Erschöpfung in der Forschung häufig als Kerndimension von Burnout herangezogen wird, die ein Gefühl der dauerhaften Überforderung beschreibt, dass mit emotionalem sowie physischem Ausgelaugt- und Erschöpft-Sein einhergeht. (Hentrich, 2016, S. 14, zitiert nach Maslach, Schaufeli & Leiter, 2001; Schaufeli, Leiter & Maslach, 2008)

Die Vermittlung eines Gefühls der Selbstwirksamkeit ist daher eine unabdingbare Komponente in der Burnout Prävention von Unternehmen. Beschäftigte müssen ermuntert werden, ohne Angst vor Konsequenzen ihre Probleme und Defizite anzusprechen. Die Beteiligung von Angestellten an Entscheidungsprozessen, Transparenz der Arbeitsabläufe oder die Verteilung eindeutiger Kompetenzen reduziert den Eindruck des passiven Ausgeliefertseins. Klare hierarchische Strukturen begünstigen das Burnout und mindern Kreativität und Motivation. Freiräume, die eigenständiges Denken, Planen und Entscheiden fördern, gehören ebenso in das Handlungsspektrum eines Arbeitgebers, wenn es um die effektive Vermeidung von Überlastungssymptomen in der Belegschaft geht. (MA&T Organisationsentwicklung, Perwiss, o. J., (https://www.perwiss.de/burnout.html - zuletzt besucht am 10.11.2017)

## 10.7 Organisatorische Gegenmaßnahmen bei Überbelastung der Arbeitnehmer

Wie vorhergehend dargestellt, ist es wichtig, dem Mitarbeiter Selbstwirksamkeit einzuräumen und zu vermitteln. Er selbst muss über Handlungsressourcen verfügen, um auf die Überlastungssituation einwirken zu können und sich dieser nicht ohnmächtig ausgeliefert zu fühlen. Hierzu gehören die Schaffung klarer Zuständigkeiten und Prozesse an Schnittstellen, das limitieren von Wettbewerb und Zahlenorientierung und dem Mitarbeiter Sicherheit zu geben. Durch eine vorausschauende Planung und die sinnvolle Einbeziehung von zeitlichen oder ressourcenbasierten "Puffern" kann das Unternehmen dafür sorgen, dass ein plötzlicher Anstieg der Belastungen verhindert wird. Mitarbeiter sollten die Ziele auch kontrollieren können, für die sie verantwortlich sind.

Die Anforderungen am Arbeitsplatz und die Ressourcen oder Befugnisse, diese zu bewältigen, müssen übereinstimmen. Es gilt, den Mittelweg zwischen klarer Organisation und Freiheitsgraden zu finden. Auch ein respektvoller, wertschätzender und fairer Umgang innerhalb des Unternehmens wirkt präventiv. Auch individuelle Prävention ist ratsam, wie Möglichkeiten der Beurlaubung, Vertrauensarbeitszeit und einen sinnvollen Umgang mit Fehlzeiten. (Veerkamp-Walz, Abt. Betriebswirtschaft des VDMA, o. J., S. 3, http://www.vdma.org/documents-/105628/244511/Leitfaden%20Prophylaxe%20Burnout.pdf/f43305d8-edab-4e31-875a-9c246ff485de - zuletzt besucht am 27.11.2017)

## 10.8 Management by Objectives

Eine Methode, mit der der Arbeitgeber beziehungsweise die Führungskräfte Orientierung schaffen und motivierende Leistungsimpulse setzen können, ist das Führen über Zielvereinbarungen, auch Management by Objectives oder MbO genannt.

Investopedia.com definiert diese Führungsform wie folgt:

> "Management by objectives (MBO) is a management model that aims to improve performance of an organization by clearly defining objectives that are agreed to by both management and employees. According to the theory, having a say in goal setting and action plans should ensure better participation and commitment among employees, as well as alignment of objectives across the organization. The term was first outlined by management guru Peter Drucker in 1954 in his book "The Practice of Management."" (Investopedia, o. J., http://www.investopedia.com/terms/m/management-by-objectives.asp - zuletzt besucht am 31.08.2017)

Es handelt sich um eine Methode zur Führung von Mitarbeitern, die 1954 von dem österreichisch-amerikanischen Managementtheoretiker Peter Ferdinand Drucker erfunden wurde. Arbeits- und organisationspsychologisch betrachtet handelt es sich bei der Führung durch Zielvereinbarungen um eine Form transaktionaler, das heißt auf einem kommunikativ-sachlichen Austauschverhältnis zwischen Führungskraft und Mitarbeiter beruhender Führung.

Die Führung über Zielvereinbarungen gibt, wie in der Definition beschrieben und richtig eingesetzt, den Mitarbeitern ein Instrument der Selbstwirksamkeit und Handhabbarkeit an die Hand, da die Mitarbeiter in die Zielformulierung einbezogen und genau über das gewünschte Handlungsergebnis informiert werden und somit ihre Arbeit sowie ihr Verhalten darauf ausrichten können. Um ihre Wirksamkeit zu entfalten, müssen die Zielsetzungen, die an die Mitarbeiter gestellt werden, mit den zur Verfügung gestellten Ressourcen in der vorgegebenen Zeit jedoch auch tatsächlich erreichbar sein. Daher müssen vorgegebene Ziele fünf wesentliche Eigenschaften der sogenannten **„SMART-Formel"** aufweisen. Ziele müssen demnach

- **S** - spezifisch, das heißt so exakt wie möglich formuliert werden. Das verhindert Missverständnisse und macht erst eine effektive Kontrolle der Zielerreichung möglich. Ziele, die im Laufe des Arbeitsprozesses immer wieder verändert werden, frustrieren den Mitarbeiter und geben ihm den Eindruck der Unerreichbarkeit. Wichtig ist es daher, dass die Ziele bereits im Rahmen der Vereinbarung so formuliert werden, dass sowohl Führungskraft als auch Mitarbeiter eine genaue Vorstellung davon haben, unter welchen Umständen das Ziel als erreicht gilt.

- Damit geht auch einher, dass ein Ziel **M** wie messbar ist. Auch dies schützt den Mitarbeiter vor willkürlichen Anpassungen und gibt der Führungskraft Sicherheit bei der Überprüfung des Ergebnisses. Eindeutige Maßstäbe machen eine objektive Beurteilung der Arbeitsleistung möglich. Dies stärkt das Vertrauen und die Transparenz im Arbeitsprozess und wirkt stark motivierend auf den Mitarbeiter.

- **A** - attraktive bzw. anspruchsvolle Ziele motivieren den Arbeitnehmer. Eine permanente Unterforderung kann, wie unten noch weiter ausgeführt werden wird, ebenso zu Burnout ähnlichen Zuständen führen, wie permanente Überlastung. Auch ein Ziel, das mit dem persönlichen Wertesystem des Mitarbeiters in Dissonanz steht, wird auf diesen nicht motivierend wirken und eventuell dazu führen, dass das Ergebnis unterbewusst sabotiert wird.

- Sehr wichtig ist auch, dass das Ziel mit den zur Verfügung stehenden materiellen und immateriellen Ressourcen auch **R** - realisierbar ist. Nicht erreichbare Ziele führen zu Frustration, Demotivation und aufgrund der nicht gegebenen Handhabbarkeit zu Stress, Überforderung und gegebenenfalls Erkrankung.

- Schließlich ist es wichtig, dass das Ziel **T** - terminiert ist. Nur wenn Mitarbeiter und Führungskraft die Zeitschiene klar definiert haben, ist es dem Mitarbeiter möglich, das geforderte Ergebnis termingerecht abzuliefern bzw. rechtzeitig um eine Verlängerung zu bitten. Ebenso gibt dies der Führungskraft Sicherheit darüber, wann ein Ergebnis erwartet werden kann.

Zielvereinbarungen bringen zahlreiche Vorteile mit sich: Die Mitarbeiter sind sich darüber im Klaren, was, wann, wie, konkret von ihnen verlangt wird. So investieren sie weniger Energie in nebensächliche Tätigkeiten und können sich auf die wesentlichen Aufgaben konzentrieren. Die Führung über Ziele fördert die Eigeninitiative, da nicht der Prozess überwacht wird, sondern dem Mitarbeiter Handlungsspielraum gewährt wird. Bei attraktiv gewählten Zielen fördert dies enorm die Leistungsmotivation. Kommunikation und Vertrauen zwischen der Führungskraft und dem Mitarbeiter werden gefördert, die Einbeziehung des Mitarbeiters in die Zielformulierung stärkt seine Beteiligung und die Identifikation mit der Aufgabe. (Biel, 2013, S. 28-29)

Im Hinblick auf die oben dargestellte Valenz-Instrumentalitäts-Erwartungstheorie von Vroom handelt es sich bei dem Führen über Zielvereinbarungen um ein stark motivierendes Instrument, da sowohl die Valenz als auch die Erwartung positiv besetzt sind: Das vereinbarte Ergebnis zu erzielen wird von dem Mitarbeiter als wünschenswert betrachtet. Zudem hält er den Eintritt des Ergebnisses aufgrund seiner Beteiligung bei der Zielformulierung für wahrscheinlich. (Biel, 2013, S. 29)

Management by Objectives setzt auf die Autonomie der Beschäftigten. Bei konsequenter Umsetzung können und müssen die Beschäftigten selbstständig und unter Nutzung der verfügbaren Handlungs- und Entscheidungsspielräume agieren. Dies kann Spielräume erhöhen und ist unter organisations- und arbeitspsychologischen Gesichtspunkten auf den ersten Blick positiv zu bewerten. (Krause, Berset, Peters, 2015, S. 164)

Allerdings findet man in der Literatur auch kritische Stimmen in Bezug auf einen Zusammenhang zwischen Zielvereinbarungen und dem Auftreten von Burnout-Syndromen in der Belegschaft. So äußert sich zum Beispiel Anne Katrin Matyssek (2012) in ihrem Buch "Führung und Gesundheit. Ein praktischer Ratgeber zur Förderung der psychosozialen Gesundheit im Betrieb" dahingehend, dass Zielvereinbarungen besonders ehrgeizige Persönlichkeiten in die Erschöpfung treiben, da für das Erreichen des - nicht immer tatsächlich bilateral vereinbarten, sondern praktisch vom Vorgesetzten eingeforderten - Zieles gesundheitliche Grenzen überschritten und das Privatleben vernachlässigt wird. (Matyssek, 2012, S. 16-19)

Auch eine Studie des Sozialwissenschaftlichen Instituts München kam zu dem Ergebnis, "[...] dass die Führung über Ziele bei zahlreichen Arbeitnehmern zu psychischer Überlastung führt. Ursächlich hierfür sind unrealistische Zielvereinbarungen, eine steigende Prozessstandardisierung sowie das flächendeckende Controlling." (Kurka, 2014, S. 17-18)

Der Berliner Philosoph Klaus Peters spricht in diesem Zusammenhang vielmehr von "interessierter Selbstgefährdung", und meint damit ein Verhalten, "[...] bei dem man sich selbst dabei zusieht, wie das persönliche Arbeitshandeln die eigene Gesundheit gefährdet – aus einem Interesse am beruflichen Erfolg heraus." (Krause, Berset, Peters, 2015, S. 164, zitiert nach Peters, 2011, o. S.)

## 10.9 Aus der Motivation in die Überforderung

Neuere Managementmethoden wurden unter diesem Aspekt einmal von der Zeitschrift für medizinische Prävention ASU hinsichtlich ihres gesundheitsgefährdenden Potentials untersucht. Sie führen nach Aussage des Autors häufig mitten hinein in gesundheitsgefährdendes Handeln bzw. in eine "interessierte Selbstgefährdung." (Krause, Berset, Peters, 2015, S. 164)

Zentrales Kennzeichen der neuen Steuerungsformen sei die Führung durch Ziele bei gleichzeitiger Konfrontation der Mitarbeitenden mit unternehmerischen Herausforderungen und den Rahmenbedingungen des Marktes. (Krause, Berset, Peters, 2015, S. 164) Aufgrund einer neunjährigen Untersuchung verschiedener Unternehmen wurde von den Autoren ein Katalog von Merkmalen herausgearbeitet, nach denen eine - gesundheitsgefährdende - indirekte Steuerung stattfindet:

1. **Ergebnis- und Erfolgsorientierung:** In Anlehnung an das Führen per Zielvereinbarung werden Systeme zur Leistungssteuerung eingesetzt, die auf dem Erreichen ökonomisch relevanter Kennzahlen und Ziele basieren und sich beispielsweise an Schlüsselkennzahlen orientieren. Das fehlende Erreichen der Ziele hat negative Konsequenzen für Einzelindividuen oder ganze Gruppen von Personen.

2. **Dynamische Ziele:** Die Ziele sind nicht statisch, sondern dynamisch. Beispielsweise wird seitens der Geschäftsleitung explizit erwartet, dass im Unternehmen jedes Jahr ein bestimmter Prozentsatz mehr Umsatz, Gewinn, Marktanteil oder ähnliches generiert wird und dass dies auch von den einzelnen Geschäftsbereichen erreicht wird. Derartige Zielspiralen verlieren häufig den Bezug zu den realen Gegebenheiten und führen geradewegs in die Überforderung.

3. **Leistungsdynamik über unternehmensinterne Konkurrenz:** Indem Standorte, Geschäftsbereiche, Teams untereinander verglichen und solche Kennzahlen über das Controlling auch hierarchieübergreifend bereitgestellt werden, entstehen unmittelbar Vergleichsprozesse. So werden Kon-

kurrenzmechanismen geschürt, die den Fokus nicht mehr auf die Marktwettbewerber richten, sondern auf die unmittelbaren Kollegen oder Bereiche des eigenen Unternehmens. Neben diesem unternehmensinternen Benchmarking gibt es zahlreiche weitere Mechanismen, die die Leistungsdynamik erhöhen. Beispielsweise bestehen Vorgaben bei der Leistungsbewertung, wonach Mitarbeiter und Mitarbeiterinnen nur positiv bewertet werden können, wenn gleichzeitig ein anderes Teammitglied kritisch bewertet wird. Dies führt zu Konkurrenzverhältnissen innerhalb der einzelnen Teams.

4. **Von oben nach unten festgelegte Rahmenbedingungen:** Im Gegensatz zu tatsächlichen Selbstständigen sind abhängig Beschäftigte neben den Anforderungen des Marktes auch mit zahlreichen internen Vorgaben und Regelungen konfrontiert. So werden beispielsweise sehr genaue und starre Handlungsanweisungen im Rahmen der Prozessvorgaben definiert. Über Berichtspflichten wird regelmäßig der Stand der Zielerreichung, der Einhaltung von Qualitätsstandards etc. dokumentiert. Über einen permanenten Kennzahlenvergleich wird die Zielerreichung engmaschig überprüft, wodurch ein permanenter Leistungsdruck erzeugt wird.

5. **Permanente Delegation der Verantwortung auf die untergeordneten Ebenen:** Die Verantwortung für die Zielerreichung wird konsequent delegiert. Oft wird anstelle der investierten Arbeitszeit und der fachlichen Qualität der Arbeit das Erreichen vereinbarter oder vorgegebener Erfolgskennzahlen zur Bewertung der Leistung herangezogen. Probleme müssen in der Regel von den Beschäftigten selbst gelöst werden.

6. **Mitarbeiterbeteiligung:** Ob Ziele und Rahmenbedingungen tatsächlich beiderseitig ausgehandelt oder de facto einseitig vorgegeben werden, bestimmt stark die Auswirkungen der indirekten Steuerung. Das leistungs- und motivationssteigernde Potenzial indirekter Steuerung entwickelt sich vor allem dann, wenn die Einbindung von der Belegschaft selbst angestrebt und gelebt wird, also beispielsweise anspruchsvolle Ziele auch von den Mitarbeitenden selbst vorgeschlagen werden. Unternehmen, die viel Wert auf einen partnerschaftlich und kommunikativ geprägten Führungsstil legen, können im Rahmen von Qualitätsmanagement-Systemen bzw. Systemen zur kontinuierlichen Verbesserung die Belegschaft dazu auffordern, permanent Verbesserungsvorschläge zur Erhöhung der Produktivität im

eigenen Bereich zu unterbreiten - was ebenfalls zu einer "interessierten Selbstgefährdung" führen kann. (Krause, Berset, Peters, 2015, S. 165)

Generell lässt sich sagen, dass die Doppelrolle, in der sich abhängige Beschäftigte durch die indirekte Steuerung heute befinden - sie achten nach wie vor darauf, qualitativ hochwertige Arbeit abzugeben, haben dabei jedoch zusätzlich wie das Management die Unternehmensziele im Auge - zwar attraktiv sein kann, jedoch auch zu Selbstausbeutung und der damit einhergehenden Überforderung führen kann. Besonders kritisch ist hierbei die Vermischung der beiden Steuerungsprinzipien, die zu teilweise unrealistischen Vorgaben führt: So werden beispielsweise quartalsweise Kundenbesuche vorgegeben (direkte Steuerung), auch wenn dies nicht im Interesse des Kunden liegt (Stärkung der Kundenzufriedenheit als Ziel der indirekten Steuerung, das hierdurch gefährdet wird.) (Krause, Berset, Peters, 2015, S. 166)

Als gesundheitliche Risiken der neuen indirekten Steuerung wurde im Rahmen der Studie Folgendes herausgearbeitet:

1. Rücksichtslosigkeit gegenüber sich selbst kann durchaus eine Folge hoher Motivation und Begeisterung für die Arbeit sein. Nicht selten sind von Burnout betroffene Mitarbeiter jene, die einst ihre Arbeit zum Lebenssinn erklärt hatten und sich übermäßig auf ihrem Gebiet engagierten. In unserer narzisstisch geprägten Arbeitswelt ist oft das Interesse am eigenen Erfolg so ausgeprägt, dass die eigenen Grenzen permanent überschritten werden - wenn sie denn überhaupt noch wahrgenommen werden. Dies führt zum Beispiel dazu, dass Mitarbeiter auch arbeiten, wenn sie krank sind oder ihre Freizeit und soziale Kontakte für die Arbeit opfern. Überstunden werden ohne Anweisung absolviert und eigene Werte und Überzeugungen zugunsten des Unternehmenszieles hintenangestellt. Dynamische Zielsetzungen führen zu unrealistischen Zielvorgaben und dem als ungerecht empfundenen Gefühl, dass es "nie gut genug" sei. (Krause, Berset, Peters, 2015, S. 166)

2. Durch die Delegation der Verantwortung von oben nach unten werden Mitarbeiter mit ihren Problemen allein gelassen, oftmals sogar wird der Hinweis auf ein Problem als mangelnde Leistungsbereitschaft interpretiert, so dass die Mitarbeiter zusätzlich Sanktionen befürchten müssen.

3. Das permanente Tracking der Zielerfüllung über Kennzahlen führt zu einem "kreativen Umgang" mit dem Controlling, dem Schönen von Zahlen oder dem Projektstatus. Unzufriedenheit wird verschwiegen. Nicht selten wird auch die Arbeitszeiterfassung manipuliert, um über die gesetzlich festgelegte Maximalarbeitszeit hinaus arbeiten zu können. (Krause, Berset, Peters, 2015, S. 167)

Die verzerrten Angaben führen meist zu einem Realitätsverlust in der Organisation auf höheren Hierarchieebenen, über reale Probleme wird ab einer bestimmten Hierarchieebene gar nicht mehr gesprochen. Verbunden mit einem Vertrauensverlust auf Teamebene, beispielsweise durch konkurrenzbetonende Leistungsanreizsysteme wie oben geschildert, kann dies zu einer starken Vereinzelung des Mitarbeiters führen. Das Gefühl "es geht nur mir so" verhindert eine kollektive Suche nach adäquaten Lösungen. (Krause, Berset, Peters, 2015, S. 167).

Hier ist, wie im Salutogenese Modell Anthonovskys dargestellt, das Element der Handhabbarkeit nur noch schwach ausgeprägt - die Gefahr, dass Stressfaktoren gesundheitsgefährdend wirksam werden ist hoch.

4. Wenn Ziele auf der Team- und Abteilungsebene festgelegt werden, entwickeln Mitarbeitende zunehmend einen Gruppendruck - ein Interesse daran, dass sich die direkten Kolleginnen und Kollegen ebenso stark engagieren. Konflikte nehmen zu, die Bereitschaft, über die eigenen Leistungsgrenzen zu gehen, steigt. (Krause, Berset, Peters, 2015, S.167)

Andrea Sanz versteht somit auch „Burnout als [ein] Gruppenphänomen"

(Sanz, 2008, zitiert nach Burnout-Netzwerk Tirol, 2011, S. 4, http://burnoutundachtsamkeit.at/wp-content/uploads/2013/05/Burnout_teams.pdf - zuletzt besucht am 26.11.2017) und sieht Menschen, die an ihrer Arbeit ausbrennen als diejenigen, die „gesund" auf „kranke" gesellschaftliche Bedingungen reagieren. Nach ihrer Aussage können Erschöpfungssyndrom und Burnout somit als angemessene Reaktion auf gesellschaftlich-strukturelle Bedingungen gesehen werden.

Setzten sich Organisationen und Teams nach einem Burnout eines Mitarbeiters nicht mit dem Thema Grenzen und Belastbarkeit auseinander, so führe dies im Team auf individueller Ebene zu weiteren Anstrengungen und Bemühungen, die so wiederum zu Burnout führen. (Burnout-Netzwerk Tirol, 2011, S. 4, http://burnoutundachtsamkeit.at/wp-content/uploads/2013/05/Burnout_teams.pdf - zuletzt besucht am 26.11.2017)

# 11 Weitere personalwirtschaftliche Maßnahmen, die der Entstehung von Burnout entgegenwirken

Noch einmal Bezug nehmend auf die durch teilweise durch die Hannoversche Lebensversicherung ermittelten und um eigene Erfahrungen und Ermittlungen ergänzten Risikofaktoren im Hinblick auf die Entstehung eines Burnout-Syndroms, so kann man diese in folgende Kategorien zusammenfassen:

1. **Arbeitsüberlastung:** zu hohe Arbeitsanforderungen, viele Überstunden, dauerhaft oder regelmäßig auftretende stressige Arbeitssituationen, keine Möglichkeit regelmäßig Pausen einzulegen, Arbeitswochen mit mehr als vierzig Arbeitsstunden.

2. **Unzureichende Be- oder Entlohnung:** Wenig Anerkennung für Geleistetes, geringe oder unregelmäßige Entlohnung.

3. **Soziale Defizite:** Wenig Unterstützung durch den Vorgesetzten, Unzufriedenheit mit den Arbeitsbedingungen, fehlender Teamzusammenhalt, schlechtes Arbeitsklima unter den Kollegen, Mobbing, Bossing,

4. **Wahrgenommene Ungerechtigkeit:** Nicht nachvollziehbare Entlohnungs- / Beförderungs- / Belohnungsstrukturen, Social Loafing.

5. **Fehlende Sinnhaftigkeit:** Mangelnde Sinnhaftigkeit der Aufgaben, häufige Änderungen an den geleisteten Aufgaben, häufiges Nacharbeiten, unklare Arbeitsaufgaben.

6. **Diskrepanz zwischen eigenen Werten und den Werten des Unternehmens.**

7. **Wahrgenommene Unmöglichkeit, auf das Geschehen Einfluss zu nehmen:** geringer oder nicht vorhandener Gestaltungsspielraum, unflexible Arbeitszeiten, keine Möglichkeiten für Fort- und Weiterbildungen, keine Möglichkeit der persönlichen Weiterentwicklung.

Neben den bereits ausführlich untersuchten Auswirkungen des Führungsverhaltens auf die Motivation und die Entstehung von Burnout- / Boreout-Symptomen soll im Folgenden auf weitere personalwirtschaftliche Maßnahmen eingegangen werden, die die Entstehung eines Burn- / oder Boreout-Syndromes verhindern können. Hierbei soll sich an den sieben erarbeiteten Kategorien orientiert werden.

## 11.1 Arbeitsüberlastung oder zu hohe Arbeitsanforderungen

### 11.1.1 Maßnahmen der Personalplanung

Zu den Aufgaben der Personalplanung gehören die Sicherstellung des Einsatzes von Human Resources zu möglichst ökonomischen Bedingungen für das Unternehmen, der optimale Einsatz der Personalressourcen und die Schaffung optimaler Arbeitsbedingungen für die Mitarbeiter. (Treitl, 2010, S. 11) Somit bezieht sich die Personalplanung sowohl auf die Personalbeschaffung als auch auf den Einsatz des akquirierten Personals. Personalbeschaffung wird vor allem dann erforderlich, wenn:

- neue Arbeitsaufgaben im Unternehmen entstehen, die mit dem vorhandenen Personalstamm nicht zu bewältigen sind

- Mitarbeiter ausscheiden oder in andere Bereiche wechseln

- eine Überlastung des vorhandenen Personals durch die bestehenden Arbeitsaufgaben sichtbar wird

- hohe Krankenstände die Übernahme weiterer Aufgaben durch den bestehenden Mitarbeiterstamm erfordern

- Aufgaben erweitert werden

- Aufgaben vermindert werden

- neue Projekte durchgeführt werden

- Rationalisierungen – organisatorischer, technologischer, personalwirtschaftlicher Art – geplant sind bzw. durchgeführt werden

- Reorganisationen stattfinden

Während einer Personalunterdeckung durch neue Aufgaben durch die Einbindung des HR-Bereiches in die strategische Unternehmensplanung bereits weitestgehend entgegengewirkt werden kann, und auch saisonale oder konjunkturelle Schwankungen der Auftragslage sowie die Personalbeschaffung aufgrund des Ausscheidens von Mitarbeitern z.B. aus Altersgründen bereits mittelfristig geplant werden kann, erfordern personalwirtschaftliche Maßnahmen durch den Wechsel von Mitarbeitern oder durch Überlastung von Mitarbeitern im Rahmen der bestehenden Aufgaben operatives Handeln. Insbesondere bei hohen Krankenständen ist eine flexible Handhabung vonnöten, da im Gegensatz zum Ausscheiden der Mitarbeiter keine Stellen frei werden, die durch eine weitere Personalbeschaffung neu besetzt werden könnten, sondern vielmehr ein temporärer Arbeitsausfall aufgefangen werden muss. Ist dies nicht durch arbeitsorganisatorische Maßnahmen zu erreichen, müssen kurzfristige personalwirtschaftliche Maßnahmen eingesetzt werden.

Zu den mittel- und langfristigen personalwirtschaftlichen Aufgaben, die der Arbeitsüberlastung des bestehenden Mitarbeiterstamms entgegenwirken können, gehören somit:

1. eine professionelle und vorausschauende Personalbedarfsanalyse, die die wirtschaftliche Leistungsfähigkeit des Unternehmens im Hinblick auf den Personaleinsatz (z.B. Lohn- und Gehaltskosten, Personalnebenkosten, Fixkosten des Personaleinsatzes, organisatorische Gegebenheiten) ebenso berücksichtigt, wie den aus der Unternehmensplanung abgeleiteten Personalbedarf

2. die Erarbeitung klarer Anforderungen an die Qualifikation der Mitarbeiter (Wissen, Vorerfahrung, Softskills) und eine entsprechende Personalbeschaffung und ein adäquater Personaleinsatz

3. die vorausschauende Betrachtung des für die Einarbeitung notwendigen Zeiteinsatzes und Schaffung entsprechender Entwicklungspläne

4. die Erarbeitung und Planung von Fort- und Weiterbildungsmaßnahmen für den bestehenden Mitarbeiterstamm im Hinblick auf künftige Aufgaben. Hier ist auch ein Technologiewandel – zum Beispiel durch den Einsatz eines neuen PC-Programmes – im Auge zu behalten. (Treitl, 2010, S. 12)

Treitl fasst die Anforderung an die Personalbeschaffung wie folgt zusammen:

„Die Personalplanung muss die Interessen der Beschäftigten gleichberechtigt in die Unternehmensplanung einbringen, Auswirkungen anderer Planungen und

außerbetrieblicher Entwicklungen auf die Personalplanung frühzeitig erkennen sowie sozialverträglich gestalten." (Treitl, 2010, S. 9)

Eine enge Zusammenarbeit des Personalbereiches mit der strategischen Unternehmensplanung unter Berücksichtigung des Produktionsprogrammes und geplanter strategischer Investitionen ist somit eine solide Basis für eine adäquate Personalbeschaffungs- und Personaleinsatzplanung, die die Überlastung des Mitarbeiterstammes verhindert.

### 11.1.2 Aktuelle Problemstellung

In der Praxis zeigt sich jedoch abweichend hiervon eine andere Vorgehensweise. Statt die Personalbedarfsplanung an den Arbeitsaufgaben zu orientieren, wird sie häufig aus der Kostensicht des Unternehmens abgeleitet. Der Personalbedarf wird somit von der obersten Führungsebene vorgegeben und daraus strategische und operative Maßnahmen zur Personalreduzierung abgeleitet. (Treitl, 2010, S. 12) Die Arbeitsorganisation muss sich dann häufig an den personalwirtschaftlichen Gegebenheiten ausrichten. Dies sorgt für häufige Veränderungsprozesse im Unternehmen, stellt hohe Anforderungen an die Führungskräfte und sorgt vor allem in der Belegschaft für Verunsicherung. Die im Rahmen von Veränderungsprozessen auftretenden Widerstände und Unsicherheiten haben nicht nur Auswirkungen auf die Produktivität der Mitarbeiter, sondern lösen auch individuelle Ängste aus. Diese können sich sowohl auf die zu leistende Arbeitsaufgabe beziehen, als auch auf die persönliche Zukunft im Unternehmen. Werden die Mitarbeiter nicht adäquat in die Veränderungsprozesse eingebunden, stellt sich zu der auftretenden temporären oder dauerhaften Arbeitsüberlastung durch aufgabenspezifische Inhalte noch das Gefühl ein, den Vorgängen im Umfeld ohne Einflussmöglichkeiten ausgeliefert zu sein.

Diese persönliche Erfahrung von Hilfslosigkeit stellt einen wesentlichen Faktor bei der Entstehung eines Burnout-Syndroms dar, und sollte unbedingt vermieden werden. Da Führungskräfte und Personalbereich nunmehr vor der Aufgabe stehen, den vorhandenen Mitarbeiterstamm auf die vorliegenden Aufgaben zu verteilen, und hierbei nicht auf neues, ggf. anderweitig qualifiziertes Personal zugreifen können, stellt sich Arbeitsüberlastung durch

a) neue Arbeitsaufgaben, für deren Bewältigung unter Umständen die Qualifikation und Erfahrung nicht vorliegt bzw.

b) Mehrarbeit durch zusätzliche Arbeitsaufgaben und/oder

c) Mehrarbeit, um den im Rahmen des Veränderungsprozesses auftretenden Produktivitätsverlust auszugleichen, ein.

Diese Arbeitsüberlastung wirkt zusätzlich zu den bei der Belegschaft aufgrund der Rationalisierungsmaßnahmen auftretenden, unter Umständen existenziellen Ängsten vor dem Arbeitsplatzverlust. (Treitl, 2010, S. 12-13)

Anmerkung Autor: Eine adäquate Aufgabenzuordnung ist jedoch auch im Hinblick auf die Entwicklung eines Boreout-Syndroms, wie oben dargestellt, wesentlich. Daher ist bereits bei der Einstellung der Mitarbeiter zu berücksichtigen, welche

Qualifikationen tatsächlich vom Unternehmen berücksichtigt werden. Auch Personalentwicklungsmaßnahmen sollten auf die tatsächlich vorhandenen Arbeitsplätze und Arbeitsaufgaben abgestimmt sein. Nicht selten kommt es vor, dass Mitarbeiter unter Umständen mit hohem Arbeitsaufwand für Tätigkeiten qualifiziert werden, die sie im Anschluss de facto nicht ausüben können. Auch dies stellt einen Faktor für Demotivation dar.

### 11.1.3 Ängste in der Belegschaft und ihre Auswirkungen auf das Individuum und das Arbeitsumfeld

**Leistungs- und Versagensangst**

Mit neuen Aufgabenstellungen geht häufig die Angst einher, den neuen Aufgaben nicht gewachsen zu sein. Die Intensität dieser Angst hängt stark mit den für den Einzelnen geltenden Wertvorstellungen im Hinblick auf Erfolg und Versagen zusammen: Je höher der Anspruch an sich selbst, desto größer die Versagensangst. Während leichte Versagensangst noch einen Ansporn darstellen kann, sich verstärkt der neuen Aufgabe zu widmen wirkt starke Versagensangst lähmend, so dass ein Teufelskreis aus wahrgenommener Leistungsfähigkeit und Leistungsangst entsteht, der in die Überforderung und somit in ein Burnout-Syndrom führen kann.

Hilfreiche Gegenmaßnahmen ist eine adäquate Unterstützung durch den Vorgesetzten bei der Einführung neuer Aufgaben und die rechtzeitige Fort- und Weiterbildung der betroffenen Mitarbeiter. Aber auch eine fehleroffene Unternehmenskultur kann den Leistungs- und Versagensängsten der Belegschaft effektiv entgegenwirken. Dies wirkt sich nicht nur positiv auf den Arbeitnehmer aus, sondern kommt auch dem Unternehmen im Sinne einer verbesserten Produktivität und verminderten krankheitsbedingten Arbeitsausfällen zugute. Hier kommt die entscheidende Aufgabe der Personalentwicklung besonders zum Tragen. (Treitl, 2010, S. 39-40)

**Angst vor Fehlern**

Eine fehlerfeindliche Unternehmenskultur führt bei Mitarbeitern in der Regel zu unterschiedlichen Strategien, durch die die befürchteten negativen Folgen abgemildert werden sollen. Hierzu gehört unter anderem ein Rückzugsverhalten, so dass nicht mehr proaktiv an die Lösung einer Aufgabe herangegangen wird, sondern neuen Aufgabenstellungen nach Möglichkeit aus dem Weg gegangen wird. Dieses Rückzugsverhalten kann auch in einen „Dienst nach Vorschrift" münden:

Aufgaben werden nur noch im Rahmen der bekannten Regelungen durchgeführt, die Eigeninitiative und Kreativität ist auf ein Minimum reduziert oder fehlt vollständig. Weitere Folgen von Fehlerangst stellen die Neigung dar, Fehler aus Angst vor den Konsequenzen zu vertuschen.

(Richter, o. J., http://www.richterpraxis.net/angst_im_beruf.pdf - zuletzt besucht am 26.11.2017)

Die Auswirkungen für das Unternehmen sind hierdurch häufig negativer, als dies bei einem offenen Fehlerumgang der Fall wäre: Gegenmaßnahmen können erst verzögert getroffen werden, da die Fehler unter Umständen erst sichtbar werden, wenn die daraus resultierende negative Konsequenz bereits eingetreten ist. Auch schädigt das Vertuschen von Fehlern, das häufig auch das vertrauensvolle Miteinander unter den Kollegen: Fehler werden anderen Kollegen oder der Führungskraft zur Last gelegt, die Bereitschaft, Verantwortung zu übernehmen, sinkt. Dies ist nicht nur innerhalb der Belegschaft zu beobachten. Eine fehlerfeindliche Unternehmenskultur führt oft auch dazu, dass Führungskräfte nicht bereit sind, Verantwortung zu übernehmen, und diese Top-Down delegieren. Praktisch zeigt sich dies oft in unklaren Arbeitsanweisungen und in einer mangelnden Bereitschaft, Entscheidungen zu treffen. Der Stress auf Seiten der weisungsgebundenen Mitarbeiter steigt dementsprechend an, da aufgrund unklarer Arbeitsanweisungen und Richtungsvorgaben bzw. Zielsetzungen die Wahrscheinlichkeit, ein nicht gewünschtes Arbeitsergebnis abzuliefern, erhöht wird. In einem engen Zusammenhang mit der Angst vor Fehlern steht somit bei Führungskräften die Angst, Entscheidungen zu treffen und bei Mitarbeitern die Angst vor Beurteilungen.

**Angst vor Fehlentscheidungen**

In einem Interview, das die Autoren Sauerland und Gewehr im Rahmen der Erstellung ihres Buches „Entscheidungen erfolgreich treffen" führten, erhielten sie die Aussage eines Interviewpartners: „Entscheidungen sind Mittel zu dem Zweck, das nächste Ziel zu erreichen!" (Sauerland & Gewehr, 2017, S. 1) Doch die Angst vor Fehlentscheidungen ist weit verbreitet und wird durch eine fehlerfeindliche und sanktionierende Fehlerkultur noch verstärkt. Bedauerlicherweise ist das Thema „Angst vor Fehlentscheidungen und Übernahme der Verantwortung für Fehlentscheidungen" in der Wirtschaft noch weitestgehend ein Tabuthema (Sauerland & Gewehr, 2017, S. 6), so dass der konstruktive Umgang mit Fehlentscheidungen innerhalb der Unternehmungen schwer erörtert und in die Unternehmenskultur integriert werden kann.

Die Folgen sind für Führungskräfte und weisungsgebundene Mitarbeiter auf der einen Seite sowie das Unternehmen auf der anderen Seite oft gravierend: Entscheidungen werden aus Sorge vor einer Fehlentscheidung oft hinausgezögert oder gar nicht getroffen. Darunter leiden die Arbeitsabläufe, die Kommunikation und die Zielerreichung. Mitarbeiter, die auf Entscheidungen angewiesen sind, diese jedoch nicht seitens ihrer Führungskräfte erhalten, stehen vor einer unlösbaren Aufgabe, auf die sie wiederum mit Hilflosigkeit, Angst und Stress reagieren und in ein Burnout-Syndrom führen kann. Neben einer offenen Unternehmenskultur kann diesen Erscheinungen auch durch den adäquaten Personaleinsatz entgegengewirkt werden: Führungskräfte, die sich ihrer Führungsaufgabe gewachsen fühlen und zudem über die fachliche und soziale Kompetenz verfügen, Entscheidungen auf einer qualitativ hochwertigen Basis zu treffen, werden eher zu Entscheidungen bereit sein, als Führungskräfte, die mit dieser Aufgabe überfordert sind.

In diesem Zusammenhang ist auch die immer verbreitetere Einsparung von Führungskräften im Sinne des Lean Managements kritisch zu beurteilen: Schlanke Führungsstrukturen führen oft dazu, dass Manager für eine breitere Mitarbeiterschaft und vielfältigere Arbeitsgebiete verantwortlich sind. Dies ist aus Kostengesichtspunkten für Unternehmen oft günstig. Auch wird mit weniger Reibungsverlusten im Rahmen der Weitergabe von Informationen aus dem Top-Management auf die unteren Ebenen argumentiert, da weniger Führungskräfte in der Hierarchie involviert sind. Die Führungskräfte sind mit dem Anspruch, in alle Arbeitsfelder tief involviert und auf dem aktuellen Informationsstand zu sein, häufig überfordert. Entscheidungen müssen somit oft auf unsicherer Basis getroffen werden, was die Angst vor Fehlentscheidungen noch verstärkt. (Treitl, 2010, S. 43)

**Angst vor Beurteilung**

Auf Seiten weisungsgebundener Mitarbeiter – auch Führungskräften unterer Hierarchieebenen – ist die Angst vor Beurteilung weit verbreitet. Diese Angst ist den sozialen Ängsten zuzurechnen und hängt stark damit zusammen, wie sehr der eigene Selbstwert von der Einschätzung durch andere abhängig gemacht wird. Die Angst vor Beurteilung geht mit der Angst vor Kritik einher. Mögliche Vermeidungsstrategien sind ein besonders angepasstes Verhalten, welches mit einer Unfähigkeit, angemessen Grenzen zu setzen, einhergeht. Auch Perfektionsstreben kann aus der Angst vor einer negativen Beurteilung und Kritik resultieren: Man versucht, sich möglichst unangreifbar zu machen. Auch hierdurch kann schnell eine Überlastungsreaktion entstehen, die den Mitarbeiter in eine Burnout-Symptomatik treibt. (Treitl, 2010, S. 42-43)

**Soziale Ängste**

> „Soziale Ängste sind Angstformen, deren Bedrohung sich auf interpersonale Beziehungen beziehen, d. h. Beziehungen zwischen Individuen/Personen. Das Angstverhalten löst sich bei Personen aus, wenn sie sich beobachtet fühlen. Zwischen Leistungsängsten und sozialen Ängsten kann man eine Verbindung feststellen, denn auch bei sozialen Ängsten besteht die Gefahr, in der Möglichkeit zu versagen. Je wichtiger dem Menschen die soziale Situation ist, desto größer ist vermutlich auch die Versagensangst." (Treitl, 2010, S. 44)

Soziale Ängste stellen zum Beispiel die Angst vor Ablehnung, die Angst, nicht akzeptiert zu werden, oder die Angst, nicht zu einer Gruppe / einem Team zu gehören bzw. aus diesem ausgestoßen zu werden, dar. Soziale Ängste werden oft durch ein schlechtes Arbeitsklima oder Mobbing gefördert. Dieses wiederum kann durch die oben dargestellten Ängste vor Beurteilung, Versagen, Fehlern oder Entscheidungen begründet sein, da eine Tendenz besteht, aus Angst vor negativen Konsequenzen eigenes Versagen oder eigene Fehler auf einen Sündenbock abzuschieben. Insofern besteht ein enger Zusammenhang zwischen Leistungsängsten und sozialen Ängsten im Berufsleben.

## 11.2 Unzureichende Be- oder Entlohnung

In diesem Zusammenhang ist auf das Bedürfnis des Individuums nach Anerkennung einzugehen. Dieses stellt nach Abraham Maslow ein menschliches Grundbedürfnis dar, das sich sowohl in einem Wunsch nach Ansehen und Prestige als auch in einem Wunsch danach, etwas zu erreichen und Kompetenz zu erlangen, äußert. Man kann dies unter den Begriff der sozialen Wertschätzung subsumieren, der in enger Beziehung zum eigenen Selbstverständnis steht. (Kaletta, 2008, S. 24) Anerkennung kann somit immateriell durch Ansehen und Prestige, z.B. durch eine Beförderung oder die Übertragung einer als besonders positiv wertgeschätzten, verantwortungsvollen oder mit hohen sozialen Ansehen einhergehenden Arbeitsaufgabe ausgedrückt werden. Auch die persönliche Wertschätzung der Arbeitsleistung durch die Führungskraft stellt bereits eine Befriedigung des Bedürfnisses nach Anerkennung dar.

Doch auch monetäre Entlohnung spielt im Bedürfnis nach Anerkennung und Wertschätzung eine wichtige Rolle. Personalwirtschaftlich ist in diesem Zusammenhang eine aufgabenadäquate, gerechte Entlohnung der Tätigkeit sicherzustellen. Dies ist sowohl im marktbezogenen Vergleich als auch unternehmensintern relevant. Leistungsbezogene Entlohnungssysteme können Anreize darstellen, wenn auch diese gerecht angewandt werden. Sinnvoll vor dem Hintergrund des Phänomens des „Social Loafing" – des sozialen Faulenzens – sind hierbei Anreizsysteme, die die individuelle Leistung wertschätzen und nicht die Gruppenleistung insgesamt, da experimentell erwiesen ist, dass im Rahmen von Gruppenarbeiten die Tendenz besteht, die eigene Leistung zu mindern, wenn der individuelle Anteil nicht sichtbar wird. Dies führt wiederum bei anderen Gruppenmitgliedern dazu, dass die Motivation sinkt, da die Entlohnung (materiell oder immateriell) als ungerecht wahrgenommen wird. (Kaletta, 2008, S. 31)

## 11.3 Soziale Defizite im Arbeitsumfeld

Mobbing stellt eine hohe psychische Belastung für die betroffenen Mitarbeiter dar, die allzu oft in ein Burnout-Syndrom münden. „Das Wort „Mobbing" kommt aus dem englischen Sprachgebrauch „to mob" und bedeutet so viel wie anpöbeln, attackieren, angreifen, schikanieren, bedrängen und drangsalieren." (Angele, o. J., https://www.hilfe-bei-burnout.de/mobbing-als-ursache-fur-burnout/ - zuletzt besucht am 26.11.2017) Leymann prägte den Begriff bereits in den 80er Jahren. Mobbing äußert sich in vielen verschiedenen Handlungen. Einige der häufigsten stellen ein feindseliges Verhalten gegenüber dem Betroffenen, das Schmieden von Intrigen und die Verbreitung falscher Tatsachen, Kontaktverweigerung und Isolation bis hin zu sexueller Belästigung am Arbeitsplatz und zur Androhung von Gewalt dar. Nicht immer liegen die Ursachen für Mobbing in der Person des Täters oder des Opfers. Es ist inzwischen sogar erwiesen, dass praktisch jeder Arbeitnehmer Opfer von Mobbingattacken werden kann. Vielmehr ist die Ursache für Schikane am Arbeitsplatz häufig strukturell bedingt. Der Wettstreit um Führungspositionen und begehrte Arbeitsplätze, Angst vor Arbeitsplatzverlust und ein konkurrenzbetontes Arbeitsklima sowie eine fehlerfeindliche Unternehmenskultur tragen zu Mobbingtendenzen bei. Auch eine permanente Arbeitsüberlastung kann dazu führen, dass ein Mobbingopfer ausgewählt wird, um Frustration und daraus entstehende Aggressionen abzuleiten.

Abhilfe ist hier nicht nur durch die Führungskräfte zu schaffen. Auch die Personalwirtschaft ist gefragt: Die Schaffung einer unabhängigen Beratungsstelle wie beispielsweise ein Mobbingbeauftragter, der betroffenen Mitarbeitern Rat und Unterstützung geben kann, ist eine mögliche Maßnahme. Doch auch Maßnahmen, die wie oben dargestellt zu einer Verringerung der Arbeitsüberlastung und zu einem Abbau persönlicher Ängste beitragen, sowie ein gerechtes Be- und Entlohnungssystem verbessern das Arbeitsklima und wirken Mobbinghandlungen entgegen. Mobbinghandlungen, die gezielt von Führungskräften gegenüber ihren Mitarbeitern ausgeübt werden, stellen eine Form von Machtmissbrauch dar. Sie können auf eigenen Ängsten der Führungskräfte basieren, die sich unter Umständen von ihren Mitarbeitern bedroht fühlen. Dieses als Bossing bezeichnete Phänomen lässt sich durch einen adäquaten Personaleinsatz und Schulungen für Führungskräfte eindämmen.

Es muss jedoch nicht bereits zu expliziten Mobbinghandlungen gekommen sein, um bei Mitarbeitern großen psychischen Stress auszulösen. Bereits ein generell schlechtes Arbeitsklima, mangelhafte Kommunikation zwischen den Kollegen, fehlende Unterstützung durch die Führungskraft und ein mangelnder Gruppenzusammenhalt kann eine seelische Belastung darstellen. (Angele, o. J., https://www.hilfe-bei-burnout.de/mobbing-als-ursache-fur-burnout/ - zuletzt besucht am 26.11.2017) Die häufige Umstrukturierung von Teams im Rahmen kurzfristiger personalwirtschaftlicher Maßnahmen setzt immer wieder neue, konfliktträchtige Gruppenprozesse in Gang, bei denen es vorrangig um die Behauptung der eigenen Person geht. Erst nach einer abgeschlossenen Gruppenbildung, die die **vier Phasen „Forming"** als Kennenlernphase, **„Storming"** als konfliktträchtige Aushandlungsphase des Gruppenrangs, **„Norming"** als Phase der Regelbildung innerhalb der Gruppe ist in der letzten Phase **„Performing"** eine entsprechende Gruppenkohäsion vorhanden, die dem einzelnen Mitarbeiter ein Gefühl von Vertrauen und Zugehörigkeit vermittelt.

Von Seiten des Personalbereiches, insbesondere der Personalentwicklung, kann der Prozess durch teambildende Maßnahmen im Rahmen von Umstrukturierungen (zum Beispiel Teamcoaching) unterstützt werden, so dass die von Konflikten geprägte „Storming-Phase" im Gruppenbildungsprozess schnell und erfolgreich durchlaufen wird und auch die Bildung von Gruppenregeln im „Norming" – Prozess nicht in Diskussionen steckenbleibt. Auch ist eine langfristige Personalplanung von Vorteil, die häufige Wechsel in der Teamzusammensetzung und das damit zusammenhängende regelmäßige Auftreten dieser Gruppendynamik vermeidet. Auch das Beurteilungssystem ist im Hinblick auf ein Zusammengehörigkeitsgefühl innerhalb des Unternehmens von Belang. Wie oben dargestellt, führt ein die individuelle Leistung nicht wertschätzendes Beurteilungssystem bzw. ungerechte Entlohnung zu Demotivation in der Mitarbeiterschaft. Aber auch ein stark konkurrenzbezogenes Beurteilungs- und Entlohnungssystem kann dazu führen, dass sich die Mitarbeiter auf den eigenen Vorteil konzentrieren und auf Kooperation weitestgehend verzichten. Im Rahmen der Personalentwicklung können Führungskräfte besonders im Erstellen einer fairen und respektierten Beurteilung geschult werden. Werden neue Beurteilungssysteme eingeführt, ist dies besonders zu empfehlen, da auch dies zu einem nicht zu unterschätzenden Change-Prozess im Unternehmen mit damit zusammenhängenden Ängsten in der Belegschaft und auf Führungskräfteebene führt.

Durch eine gelungene Teamzusammensetzung und eine geschickte Aufbauorganisation kann zusätzlich der Gruppenzusammenhalt positiv beeinflusst werden. Grundsätzlich lässt sich sagen, dass der Gruppenzusammenhalt in einem Team oder einer Organisationseinheit umso größer ist, je attraktiver eine Mitgliedschaft in dieser Gruppe ist. Soziale Vergleiche dienen dabei der Abgrenzung und der Bewertung der Attraktivität der eigenen Gruppenmitgliedschaft. So kann bereits die Aufnahme in ein Projekt-Team mit besonders großem Ansehen innerhalb des Unternehmens oder einer anspruchsvollen Aufgabe bereits zu einer starken Identifikation mit der Gruppe führen. Auch die Angehörigkeit oder der Aufstieg in eine bestimmte Gesellschaftsschicht – z. B. obere Führungsebene – kann zur sozialen Identifikation mit dieser Gruppe beitragen. Oftmals wird ein sozialer Vergleich bis hin zur Schaffung eines gemeinsamen Feindbildes dazu genutzt, eine starke Gruppenkohäsion herzustellen. Dies ist gegebenenfalls innerhalb eines Unternehmens mit Vorsicht anzuwenden, in der Abgrenzung zu anderen Marktteilnehmern kann dieses Konkurrenzdenken jedoch zu einem verstärkten sozialen Zusammenhalt mit dem Ziel, den Konkurrenten zu übertreffen, führen und diese stark motivieren. In der Teamentwicklung als personalwirtschaftliches Instrument ist zu beachten, dass der Gruppenzusammenhalt in der Regel umso höher ist, je homogener die Gruppe ausgestaltet ist. Im Hinblick auf die Personalentwicklung macht es daher Sinn, bestimmte Qualifikationsmaßnahmen allen Mitgliedern im Team zukommen zu lassen. So lassen sich kraft- und ressourcenraubende Konkurrenz- und Rangkämpfe vermeiden und die Teammitglieder arbeiten aufgrund einer gemeinsamen Informationsbasis.

Viele Interaktionen der Gruppenmitglieder, Sympathien und ein Vertrauensverhältnis stärken ebenfalls den sozialen Zusammenhalt. Schließlich gehört zu den personalwirtschaftlichen Maßnahmen, die die Entstehung von Burnout verhindern können, indem sie das soziale Miteinander im Unternehmen stärken, auch die Implementierung von teamstärkenden Maßnahmen wie gemeinsame Freizeitaktivitäten. Auch Maßnahmen des betrieblichen Gesundheitsmanagements können hierzu genutzt werden, die somit gleichzeitig die Gesunderhaltung der Mitarbeiter fördern, zum Stressabbau beitragen und gemeinsame Aktivitäten innerhalb der Belegschaft generieren.

## 11.4 Wahrgenommene Ungerechtigkeit in den Belohnungs- und Beförderungsstrukturen sowie „Social Loafing"

Wahrgenommene Ungerechtigkeit kann einen Risikofaktor für das Burnout-Syndrom darstellen. Diese steht in einem engen Zusammenhang mit der Frage nach der Sinnhaftigkeit der Tätigkeit und dem Bedürfnis des Individuums nach Wertschätzung. Noch immer ist in vielen Unternehmen die Entlohnung von Männern und Frauen unterschiedlich. Auch die Beförderungschancen sind nicht gleichmäßig verteilt: Frauen sind in Führungspositionen gegenüber ihren männlichen Kollegen unterrepräsentiert. Personalwirtschaftlich kann dieser Tatsache durch die Schaffung einer geschlechtergerechten Entlohnungsstruktur entgegengewirkt werden. Ein wesentlicher Burnout-Faktor ist auch darin zu sehen, dass persönlicher Einsatz nicht im Rahmen des Beurteilungswesens honoriert wird oder ein Mitarbeiter bei einer Beförderung „übergangen" wird. Auch hier steht der geleistete Arbeitseinsatz nicht in sinnvoller Relation zur erhaltenen Belohnung. Demotivation stellt eine Folge davon dar, was sich zum Beispiel mit dem von Porter & Lawler weiterentwickelten Erwartungs-Wert-Modell begründen lässt: Demnach ist die Motivation umso ausgeprägter, je höher die Erfolgserwartungen sind, und je höher der emotionale oder rationale Wert ist, der der erwarteten positiven Konsequenz beigemessen wird. Sieht der Mitarbeiter keine reellen Erfolgschancen, um eine erwartete positive Konsequenz zu erreichen, sinkt dessen Arbeitsmotivation. (Hentze et al., 2005, S. 134-135) Anmerkung Autor: Siehe hierzu auch die oben dargestellte Valenz-Instrumentalitäts-Erwartungs-Theorie von Vroom. Unmotivierte Arbeit stellt jedoch, wie bereits ausgeführt, einen der wesentlichen Risikofaktoren dar, an einem Burnout-Syndrom zu erkranken.

Abhilfe kann hier durch die Personalwirtschaft geschaffen werden, in dem das Entlohnungs-, Beurteilungs- und Beförderungssystem transparent und nachvollziehbar gestaltet wird. Auch die Einbindung der Belegschaft in die Entwicklung dieser Instrumente, zum Beispiel über die Personalvertretungen, kann hier für stärkere Akzeptanz innerhalb der Mitarbeiterschaft sorgen. In vielen Unternehmen – zum Beispiel im öffentlichen Dienst – ist es bereits üblich, dass bei Personalauswahlgesprächen auch ein Vertreter des Betriebsrates und eine Frauen- oder Gleichstellungsbeauftragte anwesend ist. So können ebenfalls Ungerechtigkeiten bei der Beförderung von Mitarbeitern verhindert werden.

Social Loafing – auch „Ringelmann-Effekt": Das soziale Faulenzen wird als hinderliches Gruppenphänomen bei Gruppen- oder Teamarbeiten beobachtet. Hiernach sinkt die Leistungsbereitschaft bei einzelnen Teilnehmern, sobald sie eine Gruppenleistung erbringen sollen. Erklärt wird dieses Phänomen durch die Annahme, dass Menschen umso stärker leistungsbereit sind, als ihre individuelle Leistung sichtbar wird und Anerkennung findet. Ungerechtigkeit entsteht dann, wenn einzelne Leistungsträger die reduzierte Arbeitsleistung anderer Gruppenteilnehmer aufzufangen versuchen. Es wurde beobachtet, dass in diesen Fällen auch diese Mitarbeiter mit der Zeit ihre eigene Leistung reduzieren. Eine Abnahme der Motivation und Freude an der Arbeit ist zu vermuten. Von Seiten der Führungskräfte in Zusammenarbeit mit der Personalwirtschaft kann diesem Phänomen entgegengewirkt werden, in dem zum Beispiel die Gruppengröße möglichst geringgehalten wird, da erfahrungsgemäß Social Loafing in großen Gruppen eher entsteht, als dies in kleinen Gruppen der Fall ist. Teamgrößen sollten daher überschaubar gehalten werden. Auch hier ist das Konzept der flachen Hierarchien kritisch zu überdenken. Eine weitere bewährte Möglichkeit, um Ungerechtigkeit in der Arbeitsverteilung und Arbeitsleistung in Gruppen- und Teamarbeiten zu verhindern, ist es, den einzelnen Teammitgliedern Teilaufgaben zuzuordnen, die nur diese ausüben können. Hierdurch wird zum einen erreicht, dass sich die Teammitglieder stärker mit ihrer Aufgabe identifizieren. Vor allem wird jedoch die Einzelleistung sichtbar, was einen Ansporn dafür darstellt, ein gutes Arbeitsergebnis abzuliefern.

## 11.5 Sinnhaftigkeit der Aufgabe

Die Vermittlung der Sinnhaftigkeit der Aufgabe ist eine der vordringlichsten Führungsaufgaben, sollen die Mitarbeiter eigenverantwortlich und intrinsisch motiviert arbeiten. Da hierauf bereits in den vorhergehenden Ausführungen eingegangen wurde, soll dies an dieser Stelle nicht weiter vertieft werden. Durch eine gelungene Gestaltung der Arbeitsorganisation kann darüber hinaus dafür gesorgt werden, dass unnötige Doppelarbeiten, Nacharbeiten und Arbeiten ohne Ergebnis vermieden werden. Hier ist eine enge Zusammenarbeit des personalwirtschaftlichen Bereiches mit der Organisationsabteilung des Unternehmens gefragt: Die Prozesse innerhalb des Unternehmens sollten regelmäßig kritisch beurteilt werden: Sind sie stringent? Liegen unnötige Prozessschleifen vor? Wie sind die Prozessschnittstellen gestaltet? Sind die Verantwortlichkeiten und Zuständigkeiten klar? Wie ist die Kommunikation vor allem an den Prozessschnittstellen? Erleben Mitarbeiter, dass ihre eigene Aufgabe ergebnislos bleibt, durch andere Mitarbeiter noch einmal ausgeführt oder bis zur Unkenntlichkeit korrigiert wird, führt dies zu einer Frustration, die, tritt sie regelmäßig auf, ebenfalls ins Burnout führen kann.

Die Prozessorientierung stellt jedoch in zahlreichen Unternehmen noch eine relativ junge Sichtweise dar, die Abkehr von der ursprünglichen Aufgabenorientierung fällt zahlreichen Mitarbeitern und Führungskräften schwer. Daher ist Personalentwicklung auch hier gefragt: Die Vermittlung von Kenntnissen in der Prozessgestaltung und -verbesserung hilft, den Wandel zu meistern und den Sinn dahinter zu erkennen. An dieser Stelle ist noch einmal auf die unbedingte Notwendigkeit klarer Zielsetzungen und ggf. Arbeits- und Prozessanweisungen hinzuweisen. Hierdurch werden zahlreiche Stressfaktoren bei den Mitarbeitern reduziert und die Sinnhaftigkeit nicht nur der Gesamtaufgabe und Unternehmenszielsetzung, sondern des eigenen Beitrags daran durch die jeweils individuell ausgeführte Arbeitsaufgabe deutlich gemacht.

## 11.6 Diskrepanz zwischen den eigenen Werten und den Werten des Unternehmens

Steht der Mitarbeiter in einem permanenten inneren Konflikt zwischen seinen persönlichen Wertmaßstäben und den Werten und Zielsetzungen des Unternehmens, kann diese Diskrepanz langfristig ebenfalls in ein Burnout-Syndrom führen. Hier können personalwirtschaftliche Maßnahmen meiner Meinung nach nur bedingt Abhilfe schaffen. Vielmehr ist es notwendig, dass dem Mitarbeiter bei Aufnahme der Tätigkeit in dem Unternehmen die Zielsetzung des Unternehmens und das Wertekonzept (Vision, Mission, Unternehmensleitbild) bekannt sind, so dass er eigenverantwortlich entscheiden kann, ob er zu einer Tätigkeit in diesem Unternehmen bereit ist. Anderenfalls ist dem Mitarbeiter anzuraten, sich ein neues Tätigkeitsfeld zu suchen. Etwas anderes stellt die Diskrepanz zwischen Wertvorstellungen der Mitarbeiterschaft und der gelebten Unternehmenskultur dar. Hier kann durch einen Kulturwandel innerhalb des Betriebes eine Harmonisierung der Wertvorstellungen geschaffen werden. Zu beachten ist, dass ein Wandel der Unternehmenskultur jedoch regelmäßig mit vielen Widerständen einhergeht und einen langfristigen Prozess darstellt. Auch hier spielt die Personalentwicklung jedoch eine wichtige Rolle: Führungskräfte müssen auf den Wandel in der Unternehmenskultur durch eine entsprechende Befähigung vorbereitet werden. So ist der Wechsel von einem autoritären Führungsstil hin zu einem kooperativen Führungsstil, der eine Mitwirkung der Mitarbeiter an der Organisation der Arbeitsaufgaben, des Arbeitsumfeldes, an Zielsetzungen und Entscheidungen beinhaltet, auch auf Seiten der Führungskräfte oft mit Ängsten verbunden. Es wird der Verlust der persönlichen Autorität und der Möglichkeit der Einflussnahme befürchtet. Gelegentlich ist auch die dadurch erlebte Verringerung des persönlichen Machtpotentials ein Grund für große Verunsicherung seitens der Führungskräfte, die ihrerseits nun gefährdet sind, in ihrer Rolle überfordert zu sein.

Die Personalentwicklung kann hier einen wesentlichen Beitrag leisten: Durch speziell auf die Schulung sozialer Kompetenzen von Führungskräften ausgerichtete Seminare können Unsicherheiten genommen werden, Vorteile vermittelt und schrittweise ein Wandel in der Führungskultur erreicht werden. Auch Führungskräftecoaching als Mittel der Personalentwicklung bietet sich an dieser Stelle an. Wichtig bei einem Wandel der Unternehmenskultur ist in jedem Fall die unbedingte Rückendeckung der obersten Führungsebene. Nur wenn diese die – neuen – Unternehmenswerte vorlebt, lassen sich diese Werte auch nachgeordneten Ebenen vermitteln. Eine Veränderung des Wertesystems kann auf vielen verschiedenen Ebenen stattfinden. Die verstärkte Übernahme sozialer und ökologischer Verantwortung stellt ebenfalls einen Wandlungsprozess dar. Dies kann vor dem Hintergrund persönlicher Überzeugungen auch positive Effekte auf die Identifikation des Mitarbeiters mit dem Unternehmen haben. Das ist insbesondere dann der Fall, wenn sich diese Werte nicht nur in der Aktion des Unternehmens nach außen, sondern auch unternehmensintern manifestieren.

## 11.7 Wahrgenommene Unmöglichkeit, auf das Geschehen Einfluss zu nehmen

Der von dem Mitarbeiter subjektiv wahrgenommenen Hilflosigkeit in Bezug auf Unternehmensabläufe und Entscheidungen, die sein persönliches Arbeitsgebiet und Arbeitsumfeld betreffen, kann durch Einbindung des Mitarbeiters entgegengewirkt werden. Dies kann durch die Führungskraft selbst erfolgen, in dem die Mitarbeiter in die ihn selbst betreffenden Entscheidungen einbezogen und seine Meinung hierzu angehört wird. Das Managementkonzept der Zielvereinbarungen bringt – so es sich tatsächlich um ausgehandelte und nicht nur vorgegebene Zielsetzungen handelt – eine Einflussnahmemöglichkeit durch den Mitarbeiter.

Personalwirtschaftlich und organisatorisch ist eine Einbindung des Mitarbeiters in organisatorische Veränderungen durch die Schaffung von Mitwirkungsmöglichkeiten zu bewerkstelligen: Dies kann zum Beispiel durch die Implementierung eines Betriebsrates im Unternehmen geschehen. Auch Mitarbeiterbefragungen und 360-Grad-Beurteilungen erhöhen die Mitwirkungs- und Einflussmöglichkeiten der Belegschaft. Insbesondere bei Veränderungsprozessen ist es notwendig, die Mitarbeiter engmaschig zu informieren und den Prozess transparent zu gestalten. Hier ist die interne Kommunikation von besonderer Bedeutung. In einem engen Zusammenhang mit einer hohen Aufgabenbelastung und gegebenenfalls überfordernden Anforderungen ist die HR Abteilung zuständig. Anforderungen, denen der Mitarbeiter nicht gewachsen ist, gehen einher mit in letzter Konsequenz krankmachenden Ängsten, die unter 11.1.3 im Detail beschrieben wurden. Hier ist vor allem die Personalentwicklung gefragt: Ein auf die aktuellen und zukünftigen Arbeitsaufgaben abgestimmtes Fort- und Weiterbildungskonzept kann die Mitarbeiter optimal auf die anstehenden Aufgaben vorbereiten. Dieses sollte sowohl eine Förderung fachlicher als auch sozialer Kompetenzen beinhalten: Fachliche Befähigung nimmt die Angst vor Aufgaben und Verantwortung, soziale Kompetenz befähigt den Mitarbeiter im Teamkontext erfolgreich zu arbeiten, nimmt soziale Ängste und stärkt den Teamzusammenhalt.

Ebenfalls als Instrument der Personalentwicklung hat sich auch ein Einzel- oder Teamcoaching sehr bewährt. Hier können individuelle Sorgen und Ängste im Arbeitskontext direkt angesprochen und Strategien zu deren Bewältigung erarbeitet werden. Persönliche Kompetenzen zur Bewältigung werden aktiviert und gestärkt. Dies nimmt dem Mitarbeiter beziehungsweise der Führungskraft den Eindruck, einer Situation hilflos ausgeliefert zu sein und beugt der Entstehung eines Burnout Syndroms vor.

# 12 Personalentwicklung bei Burnout – Genesenen

Einen sehr positiven Einfluss hat das angesprochene Coaching als Maßnahme der Personalentwicklung auch im Rahmen von Wiedereingliederungsmaßnahmen eines Burnout-Genesenen in den Betrieb. Die Rückkehr in den Arbeitsprozess ist vor dem Hintergrund der erlittenen Erkrankung oft mit großen Ängsten verbunden. Diese beziehen sich sowohl auf die Einschätzung der eigenen Belastbarkeit, als auch im Hinblick auf die Frage, wie die erlittene Erkrankung von Kollegen und Führungskräften bewertet wird. Noch immer sind seelische Erkrankungen mit einer Stigmatisierung behaftet. Assoziationen mit fehlender Belastbarkeit, Versagen und Schwäche sind sowohl bei den Betroffenen als auch im sozialen Umfeld vorhanden. Gelegentlich werden daher Burnout bedingte Ausfallzeiten als körperliche Erkrankungen, wie beispielsweise ein Rückenleiden, ausgegeben. Dies hat jedoch die Schattenseite, dass seitens der Führungskräfte und der Kollegen bei der Rückkehr des Erkrankten die gleiche Belastbarkeit wie vor dem Arbeitsausfall erwartet wird. Geht der Genesene hingegen offen mit seiner Erkrankung um, nimmt er sogar Wiedereingliederungsmaßnahmen wie das Hamburger Modell an, so wird er sich den in Teilen der Belegschaft vorherrschenden Vorurteilen stellen müssen. Führungskräfte sollten in jedem Fall hinsichtlich des Umgangs mit psychischen Erkrankungen geschult sein, so dass sie dem Rückkehrer entsprechende Hilfeleistungen zukommen lassen können. Und auch die Schulung der Belegschaft hinsichtlich des Burnout-Syndroms kann die Wiedereingliederung des Betroffenen erleichtern, da sie zu einer vorurteilsfreieren und somit realistischeren Wahrnehmung der tatsächlichen Fähigkeiten und Arbeitsleistung des Rückkehrers beiträgt.

# 13 Fazit

Wie die vorliegende Arbeit zeigt, kann ein Burnout-Syndrom aus einer Vielzahl verschiedener Faktoren entstehen, die in der Regel nicht einzeln, sondern als eine Kombination sich gegenseitig kausal bedingender Gegebenheiten auftreten. Neben einer individuellen Disposition und privaten Belastungen spielen vor allem Faktoren im Arbeitsumfeld eine ausschlaggebende Rolle bei der Entstehung der Erkrankung, die aufgrund ihrer Häufigkeit bereits als Volkskrankheit anzusehen ist. In der heutigen (Leistungs-) Gesellschaft verankerte Überzeugungen und Wertvorstellungen, die dazu führen, dass der persönliche Selbstwert in hohem Maße von den erzielten Erfolgen abhängig gemacht wird, gilt der persönliche Einsatz, das Erreichen immer herausfordernder Zielsetzungen bis hin zur Überforderung und der freiwilligen Selbstausbeutung als anerkennenswert, während Ängste, Fehler und das Erreichen der persönlichen Leistungsgrenze weitestgehend tabuisiert werden. Hier stellt die bereits seit einigen Jahren verstärkt durchgeführte Aufklärungsarbeit einen wichtigen Beitrag dar, um auf das Problem aufmerksam zu machen und potentiell Betroffenen Mut zu machen, Grenzen zu ziehen und sich Hilfe zu holen.

Darüber hinaus stellt die Verhinderung eines Burnout-Syndroms beziehungsweise seines Äquivalents – des Boreout Syndroms - eine vordringliche Aufgabe der Unternehmen dar. Die Gestaltung der entsprechenden Arbeitsbedingungen durch arbeitsorganisatorische und personalwirtschaftliche Maßnahmen muss in jedem Fall durch strategische und operative Maßnahmen der Personalentwicklung ergänzt werden. Hier gilt es vor allem, reale oder persönlich wahrgenommene Überlastung der Mitarbeiter zu verhindern. Dies kann durch eine fachliche Befähigung im Hinblick auf bestehende und zukünftige Aufgaben gelingen. Die Schaffung einer Unternehmenskultur, die von Vertrauen, Offenheit und einem konstruktiven Umgang mit Fehlern gekennzeichnet ist, kann darüber nur auf der Basis entwickelter sozialer Kompetenzen gelingen. Besonders die Führungskräfte sind in Bezug auf die Burnout Prävention gefragt. In der vorliegenden Arbeit wurde gezeigt, dass es hinsichtlich der Zielsetzung, Motivation zu schaffen und hierdurch, ebenso wie im Rahmen der Personalentwicklung, Burnout Prävention zu betreiben, eine Vielzahl von Ansatzmöglichkeiten gibt. Unternehmen sollten im eigenen Interesse und im Interesse ihrer Mitarbeiter den schmalen Grat zwischen Forderung und Überforderung, der in dieser Ausarbeitung dargestellten Kausalbeziehungen berücksichtigen und in ihr strategisches Gesamtkonzept entsprechend integrieren.

# Literaturverzeichnis

## Bücher, E-Books und Monografien

Albrecht, Simone: Burnout – ein Leitfaden des ifa Institut für Arbeitsmedizin, Institut für Arbeitsmedizin, o. O., 2017

Biel, Svenja: Mitarbeitermotivation als unternehmerischer Erfolgsfaktor - Darstellung und kritische Analyse mit Blick auf ausgewählte Instrumente zur Motivationssteigerung, Thesis, Göttingen, 2013

CConsult: Burnout erkennen, verstehen, bekämpfen: Information für Führungskräfte, VBG Hamburg, 2017

Focus: Gerbert, Frank (Interviewer): Dem Burnout entgehen, Focus: 19/2017, Focus Magazin Verlag, München, 2017

Hellrung, Mario: Möglichkeiten und Grenzen der Mitarbeitermotivation im Unternehmen, Thesis, Göttingen, 2012

Hentrich, Stephan: Vulnerabilitäts- und Resilienzfaktoren bei der Entstehung von Burnout und depressiven Symptomen bei Führungskräften, Dissertation, Bremen, 2016

Hentze, Joachim; Graf, Andrea; Kammel, Andreas; Lindert, Klaus: Personalführungslehre, Haupt UTB, Bern Stuttgart Wien, 4 Aufl., 2005

Kaletta, Barbara: Anerkennung oder Abwertung: Über die Verarbeitung sozialer Desintegration, VS Verlag für Sozialwissenschaften; GWV Fachverlage, Wiesbaden, 1. Aufl., 2008

Keck, Martin E.: Burnout: Wie entsteht es? Wie wird es behandelt? Was ist der Zusammenhang mit Stress? Wie kann ich vorbeugen?, o. O., 2. Aufl., o. J.

Klemisch, Dagmar: Psychosoziale Belastungen und Belastungsverarbeitung von Polizeibeamten, Dissertation, Münster, 2006

Krause, Andreas; Berset, Martial; Peters, Klaus: Interessierte Selbstgefährdung – von der direkten zur indirekten Steuerung, ASU Arbeitsmed Sozialmed Umweltmed 50 ,3.2015, Gentner Verlag, Stuttgart, 2015

Kurka, Stefanie: Burnout als Chance: Der Versteckte Appell an Unternehmen und Betroffene, Igel Verlag RWS, Hamburg, 1. Aufl., 2014

Matyssek, Anne Kathrin: Führung und Gesundheit: Ein praktischer Ratgeber zur Förderung der psychosozialen Gesundheit im Betrieb, Books on Demand, Norderstedt, 3. Aufl., 2012

Roth, Eugen (1895-1976, dt. Autor)

Sauerland, M.; Gewehr, P.: Entscheidungen erfolgreich treffen: Entscheidungskompetenzen aufbauen und die Angst vor Fehlentscheidungen abbauen, Gabler-Verlag, Wiesbaden, 1. Aufl., 2017

Scherrmann, Ulrich: Stress und Burnout in Organisationen: Ein Praxisbuch für Führungskräfte, Personalentwickler und Berater, Springer-Verlag, Berlin Heidelberg, 1. Aufl., 2015

Schwenoha, Martin: Burnout - Einfluss- und Verantwortungsbereich des Unternehmens: Maßnahmen zur Verringerung des Burnout-Risikos von Mitarbeitern, Igel-Verlag RWS, Hamburg, 1. Aufl., 2015

Treitl, Walter: Personalwirtschaft und Motivation, Ängste am Arbeitsplatz, Diplomarbeit, Mittweida (FH), 2010

Waeldin, Sandra; Vogt, Dominic: Hannoversche Lebensversicherung AG / Hannoversche Direktversicherung AG: Krank im Job: Burnout und die Folgen: Wie kann man sich schützen und was könne Betroffene tun?, Hannover, 1. Aufl., 2015


## Internetquellen


Burnout Praxis Straesser, o. J., Straesser, Katharina: Burnout – Prävention, Behandlung, Therapie, www.burnout-kelkheim.de/burnout-syndrom.htm - zuletzt besucht am 19.11.2017

Burnout-Netzwerk Tirol, 2011, Harrer, Michael: Burnout-Prävention in Teams und Organisationen, Artikel, http://burnoutundachtsamkeit.at/wp-content/uploads/2013/05/Burnout_teams.pdf - zuletzt besucht am 26.11.2017

Burnout-Stop – Institut für Burnout-Prophylaxe, .o. J., Wilhelms Ilona: Zum Konzept der Salutogenese, http://www.burnout-stop.de/salutogenese/ - zuletzt besucht am 31.08.2017

Der Spiegel, 30/2011, Dettmer, Markus; Tietz, Janko: Jetzt mal langsam!, http://www.spiegel.de/spiegel/print/d-79652705.html - zuletzt besucht am 30.08.2017

Falk Richter Beratung, 2012, Richter, Falk: Burnout und fehlende Wertschätzung, http://www.falk-richter-beratung.de/0021_burnout_fehlende_wertschaetzung.htm// - zuletzt besucht am 27.08.2017

HEMERA Klinik, o. J., HEMERA Klinik GmbH: „Burnout" Symptome, http://www.hemera.de/behandlungsschwerpunkte/depressive-stoerungen/burnout-symptome/ - zuletzt besucht am 24.10.2017

Hilfe bei Burnout, o. J., Angele Christian: Mobbing als Ursache für Burnout, https://www.hilfe-bei-burnout.de/mobbing-als-ursache-fur-burnout/ - zuletzt besucht am 26.11.2017

HRweb, 2015, Reusche Uwe: Sinnstiftend führen | Motivation steigern & Sinn schaffen als Management-Aufgabe, https://www.hrweb.at/2015/09/sinnstiftend-fuehren-motivation-steigern-sinn-schaffen-als-management-aufgabe/ - zuletzt besucht am 24.10.2017

Investopedia, o. J., Investopedia LLC: Management By Objectives – MBO, http://www.investopedia.com/terms/m/management-by-objectives.asp - zuletzt besucht am 31.08.2017

lead & conduct !, 2014, Bornemann, Stefan: VIE-Theorie: Valenz, Instrumentalität, Erwartung, , (http://www.lead-conduct.de/2014/02/23/vie-theorie/ - zuletzt besucht am 31.08.2017)

MA&T Organisationsentwicklung, Perwiss, o. J., Lilie Oliver: Burnout – Der richtige Umgang mit Arbeitnehmern, MA&T Organisationsentwicklung GmbH, , https://www.perwiss.de/burnout.html - zuletzt besucht am 10.11.2017

Richter Praxis, Ratgeber o. J., Richter Ulrike: Angst im Beruf, http://www.richterpraxis.net/angst_im_beruf.pdf - zuletzt besucht am 26.11.2017

Spiegel Online, 2011, Dettmer, Markus: Firmen fürchten den Stressfaktor Chef, http://www.spiegel.de/wirtschaft/unternehmen/burnout-gefahr-firmen-fuerchten-den-stressfaktor-chef-a-777093.html - zuletzt besucht am 30.08.2017

Swiss Experts Network on Burnout, o. J., Schweizer Expertennetzwerk für
Burnout: Definition Burnout,
https://www.burnoutexperts.ch/wissenswertes/burnout-definition - zuletzt besucht am 19.11.2017

VDMA, o. J., Veerkamp-Walz, Andrea: Wenn Leistungsorientierung in die Irre
führt, Abt. Betriebswirtschaft des VDMA,
http://www.vdma.org/documents/105628/244511/Leitfaden%20Proph
ylaxe%20Burnout.pdf/f43305d8-edab-4e31-875a-9c246ff485de - zuletzt
besucht am 27.11.2017

WPGS, o. J., Becker, Florian: Intrinsische und extrinsische Motivation,
https://wpgs.de/fachtexte/motivation/intrinsische-und-extrinsische-
motivation/ - zuletzt besucht am 30.08.2017)